墨香财经学术文库

"十二五"辽宁省重点图书出版规划项目

Large Gathering:
RHQs of MNC in China

大集聚
跨国公司地区总部在中国

任永菊 ◎ 著

东北财经大学出版社 大连
Dongbei University of Finance & Economics Press

图书在版编目（CIP）数据

大集聚：跨国公司地区总部在中国 / 任永菊著．—大连：东北财经大学
出版社，2019.5
（墨香财经学术文库）
ISBN 978-7-5654-3508-9

Ⅰ．大… Ⅱ．任… Ⅲ．①聚集经济-研究-中国②跨国公司-企业管理-
研究-中国 Ⅳ．①F127②F279.247

中国版本图书馆CIP数据核字〔2019〕第067495号

东北财经大学出版社出版发行

　大连市黑石礁尖山街217号　邮政编码　116025
　网　　　址：http://www.dufep.cn
　读者信箱：dufep @ dufe.edu.cn
大连图腾彩色印刷有限公司印刷

幅面尺寸：170mm×240mm　字数：172千字　印张：12.75　插页：1
2019年5月第1版　　　　　2019年5月第1次印刷
责任编辑：蔡　丽　　　　　责任校对：蓝　海
封面设计：冀贵收　　　　　版式设计：钟福建
定价：48.00元

作者简介

任永菊

　　女，天津商业大学教授，主要从事跨国公司地区总部理论与应用以及区域经济等相关研究。出版个人学术专著3部，公开发表论文近50篇。获中国博士后科学基金第1批特别资助和第43批面上一等资助各1项，获天津市社科优秀成果奖二、三等奖各1项。主持天津市哲学社会科学重点项目2项，天津市高校人文社科项目2项，教育部、商务部等子项目若干项；参与国家社科重大项目1项。

前　言

　　跨国公司不仅在协调经济活动分配资源方面早已经取代了亚当·斯密的所谓市场力量这只"无形之手"，而且具有社会搅拌机的作用，它把不同国家、民族、种族的经济和文化融合在一起，最终输出和形成的则是一种全新的世界经济和文化（滕维藻，2006）。而跨国公司地区总部则是帮助跨国公司完成协调任务、发挥搅拌作用的最佳选择。这一点可以从跨国公司地区总部自第二次世界大战之后出现以来，就以不同规模、不同方式在世界范围内层出不穷而得到证实。

　　从20世纪50年代到21世纪的今天，跨国公司地区总部的足迹已经从欧洲横跨到亚洲。在亚洲，新加坡、日本东京以及中国香港、上海、北京等都成为跨国公司地区总部的集聚之地，而且大有进一步向中国其他城市转移之势。

　　本书旨在从历史角度阐述中华人民共和国成立70周年以来，入驻中国的跨国公司地区总部从无到有、从少到多、从分散到集聚的变迁过程；集中探讨跨国公司地区总部集聚区位和集聚结构变迁，剖析集聚中国的原因，以案例分析集聚对于地方经济发展的影响（集聚效应），预测未来的集聚趋势，以期能够从跨国公司地区总部集聚的视角展示中华人民共和国成立 70 周年以来的伟大成就、令世界瞩目的中国经济发展奇迹，以及中国继续坚持改革开放基本国策、构建全方位开放新格局、深入推进"放管服"改革、营造更加有利的营商环境、加大吸引外商直接投资力度的坚定决心。

本书是作者围绕跨国公司地区总部展开全方位研究的第四部著作。前三部分别是《论跨国公司地区总部的区位选择》（中国经济出版社，2006 年）、《跨国银行地区总部的区位选择：理论、实证与应用》（中国经济出版社，2010 年）、《跨国公司地区总部集聚给我们带来了什么——基于正反两方面的思考》（南开大学出版社，2015 年）。上述著作无论从哪个角度展开，都有一个共同之处：在进行理论研究的同时，不脱离实际，与地方经济发展紧密联系在一起；换句话说，在写作过程中，力争兼顾"高大上""接地气"。与前三部著作相比，本书最大的不同之处在于：不涉及任何高深理论，也没有晦涩的理论模型，尽量用平实的语言讲好关于跨国公司地区总部集聚中国的美妙故事以及经典"乐章"。

本书写作时间紧张，资料有限，难免会出现纰漏之处，敬请各位读者批评指正，并提出宝贵意见。当然，文责自负。

作　者

2019 年 3 月

目　录

第 1 章　集聚概论

　　跨国公司地区总部（简称地区总部（regional headquarter，RHQ））是跨国公司基于企业发展战略，在全球范围内进行资源有效配置，合理安排投资、研发、生产、销售、物流、结算等系统，以达到跨国公司体系内部成本最小化、效益最大化的目的而设立的。RHQ 源起于20 世纪 50 至 60 年代的欧洲，于 20 世纪 90 年代扩张至中国，经过探索、发展，进入扩张时期；集聚结构等也都发生变化。期间，各级政府对于 RHQ 的态度也发生变化。

1.1　集聚主体概况

　　集聚主体起源于欧洲，并随着世界经济的变化，从欧洲向全球其他地区扩张蔓延，一直到亚洲的中国。它涵盖 RHQ，以及研发、结算、营销、设计、贸易、行政等在内的功能性机构。

1.1.1 集聚主体的由来①

RHQ是美国企业在对欧洲进行直接投资过程中不断创新企业组织结构的结果。20世纪50年代末至60年代末，美国的跨国公司蓬勃发展，纷纷前往欧洲进行大规模投资，为便于管理，开始着手变革企业组织结构，开始在欧洲设立RHQ。可以说，此时集聚欧洲的RHQ基本上被美国的跨国公司所垄断。1957年，IBM公司设立了有史以来的第一家地区总部；随后，ITT公司、Dow Chemical公司等许多著名的跨国公司于20世纪60年代设立了欧洲的RHQ（Williams，1967）。集聚RHQ最多的区位是比利时的布鲁塞尔（见表1-1）。截至1968年年末，近800家跨国公司都在布鲁塞尔设立欧洲RHQ（Parks，1969）。

表1-1　　20世纪60年代美国跨国公司设立的欧洲RHQ

序号	公司名称	行　业	区　位
1	Corn Products	食品	布鲁塞尔 （比利时）
2	Corning Glass	玻璃	
3	A. B. Dick	N/A	
4	Hercules	化学	
5	ICI	化学	
6	ITT	通信	
7	Monsanto	化学	
8	Pflzer	医药品	
9	Ralston Purina	食品	
10	Abex	航空	日内瓦 （瑞士）
11	Caterpiller	建设机械	
12	Chesebrough-pond	化妆品	
13	DuPont	化学	
14	FMC	化学	
15	Gerneral Electric	电机	
16	Gerneral Telephone & Electronics	通信	
17	Hewlett-Packard	计算机	
18	RCA	家电	

---

① 任永菊. 跨国公司地区总部的区位选择［M］. 北京：中国经济出版社，2006.

续表

序号	公司名称	行　业	区　位
19	AMF	乐器、玩具	伦敦（英国）
20	Colgate-Palmotive	医药品	
21	Cummins Engine	运输机械	
22	Eli Lilly	医药品	
23	Esso	石油	
24	Gillette	刀片	
25	Mobil	石油	
26	Amax	金属	巴黎（法国）
27	Armco Steel	钢铁	
28	Diamond Alkali	N/A	
29	IBM	计算机	
30	Rexall	N/A	
31	Beloit	N/A	苏黎世（瑞士）
32	Black & Decker	产业机械	
33	Borg-Warner	产业机械	
34	Carrier	N/A	
35	Dow Chemical	化学	
36	Litton	电机	
37	Alcoa	金属	卢塞恩（瑞士）
38	Philip Morris	烟草	
39	Union Carbide	化学	
40	United Shoe Machinery	N/A	
41	Brunswick	运输机械	法兰克福（德国）
42	Dymo	N/A	
43	Honeywell	计算机	
44	Kaiser Aluminium	金属	
45	SCM	化学	
46	Shering	金属	米兰（意大利）
47	Johns Manville	木材等	
48	IFF	N/A	其他
49	Raytheon	电机	
50	US Tire	轮胎	

资料来源　郑京淑. 跨国公司区位研究——兼论对世界经济结构的影响 [D]. 长春：东北师范大学，1998.

20世纪60年代末，除美国跨国公司之外，欧洲、亚太等地区的跨国公司迅速发展，并开始相互设立RHQ，此种情况一直持续到21世纪初期，基本呈现欧洲、北美、亚太三足鼎立的态势。其主要原因在于：亚太地区经济腾飞，即20世纪60年代的日本、70年代的亚洲"四小龙"、80年代的东盟各国都出现了"奇迹"般的高速增长①，直接导致两种趋势的形成：

①亚太地区的跨国公司已经具有了向欧洲、北美等地区扩张，特别是建立欧美RHQ的需要和能力。比如在日本，1997年23 000家国外分支机构中有400多家发挥着RHQ的功能与作用；在美洲，70%以上的日本制造业企业承担某些地区管理职能（见表1-2）。

表1-2　　　1999年美洲日本分支机构的公司网络ᵃ

国家或地区	地区总部/管理机构	销售机构	最终生产厂家	部件和材料生产	研发和设计中心
美国	897	877	887	446	580
加拿大	39	223	157	48	4
墨西哥	57	138	136	62	26
巴西	53	94	77	10	40
波多黎各	—	1	—	—	—
多米尼加	—	—	1	—	—
萨尔瓦多	—	2	2	—	—
洪都拉斯	—	2	2	—	—
哥斯达黎加	—	3	3	2	—
巴拿马	—	5	—	—	—
阿根廷	18	33	29	1	—
哥伦比亚	1	6	—	—	—
智利	1	8	1	—	—
委内瑞拉	16	19	16	—	—
秘鲁	1	3	1	—	—
巴巴多斯	—	—	1	—	—
未指明国家或地区	—	5	—	1	—

a.根据1 223家工厂，各工厂从事的活动可能不止一项。

资料来源　[1] 联合国贸发会议跨国公司与投资司. 世界投资报告——促进关联 [M]. 冼国明，总译校. 北京：中国财政经济出版社，2001：96. [2] JETRO. 2000. 转引自：任永菊. 跨国公司地区总部的区位选择 [M]. 北京：中国经济出版社，2006.

---

① 1994年，世界银行发表了一份长达390页的调查报告，题为《东亚奇迹》。该报告对包括中国香港、印度尼西亚、日本、马来西亚、新加坡、韩国、中国台湾、泰国等东亚8个"超级明星"的经济发展情况进行了仔细研究。

②欧美各国的跨国公司为抢滩亚太地区市场纷纷建立亚太RHQ。其中，入驻新加坡和中国香港的RHQ数目最多。截至2001年年末，在新加坡营业的6 000家跨国公司中，大约有60%的公司设立了RHQ，或让新加坡分公司处理一些总部相关的工作；大约220家获得新加坡经济发展局颁发的RHQ证书（新加坡经济发展局，2003）。与新加坡相比，中国香港占据了背靠中国内地这个潜在的大市场及国际金融中心等优势，截至2003年6月共集聚了966家RHQ（中国香港政府统计处，2003）。

进入21世纪，随着RHQ不断集聚，集聚效应逐渐显现，随之逐渐进入总部经济时期。此时表现最为突出的是中国。中国自改革开放以来，经济快速、健康地发展，促使许多跨国公司把中国看作实施亚太地区战略的"桥头堡"、建立RHQ的最佳区位选择，并引致各国跨国公司纷纷来中国设立RHQ，或者将RHQ转移到中国，从此掀开了RHQ集聚中国、总部经济在中国迅速发展的新篇章。所谓总部经济指的是某区域由于特有的资源优势吸引企业将总部在该区域集群布局，将生产制造基地布局在具有比较优势的其他地区，而使企业价值链与区域资源实现最优空间耦合，以及由此对该区域经济发展产生重要影响的一种经济形态。[①]

1.1.2　集聚主体的类别

集聚于中国的主体主要划分为两大类：RHQ、功能性机构。

（1）RHQ

RHQ是在现代跨国公司发展过程中逐渐演变而形成的。现代跨国公司在发展过程中，共出现过5种组织结构，即职能式结构、事业部式结构、区域式结构、混合式结构以及矩阵式结构。其中，区域式结构是基于用户或顾客对组织结构进行整合，以满足不同国家、不同地区的消费需求。每个地理单位包括所有的职能，以便在该地区生产

[①]　赵弘. 总部经济 [M]. 北京：中国经济出版社，2004. 需要注意的是，本书与赵弘的观点存在差异：赵弘更强调国内大型企业总部的集聚；本书则更强调跨国公司RHQ及功能性机构的集聚。

和销售产品。区域式结构的优势在于，对不稳定环境的快速适应，能够使组织实现自我快速调整，对市场的变化作出迅捷的反应，即更适合跨国公司实现本土化经营。区域式结构适应各地区的特殊需求，雇员按照区域性目标而非国家目标来分派。区域式结构的管理单位，即RHQ。

RHQ负责本地区的战略决策、资源配置、资本运营、业绩管理、内外部公关等。

①战略决策，即协商确定本地区持有一个什么样的业务组合才是最佳组合，对某一行业领域的进入、扩张、退出、时机等提出建议，进而挖掘并建立带来协同效应的经营方式。

②资源配置，是基于组织结构和内部交易两个方面来完成的，目的是建立恰当的组织和配置人力资源实施本地区战略，通过本地区内部或者跨国公司体系内部贸易来扶植某些需要快速成长的业务或者想快速进入的市场。

③资本运营，即跨国公司既要关注本地区的产品市场，也要关注本地区的资本市场，利用资本市场进行资本运营，获得资本性收入。

④业绩管理，是指负责本地区整体业务状况和财务状况，考核本地区子公司经营计划的执行情况以及确定薪酬政策等。

⑤内外部公关，负责宣传和维护跨国公司品牌及声誉，协调与母公司及其他地区之间的关系，与公司股东、客户、供应商，以及媒体、中介机构、政府监管部门等保持良好关系。①

简言之，RHQ指的是在执行总公司总体战略的基础上，有权制定本地区发展规划、资源配置、产品类别、行业领域等，管理本地区内部分（子）公司，负责协调与其他地区以及母公司之间的相关事务，履行相应的社会责任。具体来讲，RHQ是一种既具有地区决策作用又具有一体化/协调作用，同时与其他地区总部之间具有一种协作关系的地区级子公司，即一个完整的RHQ应该包括以下几个层次：

---

① 在借鉴"赵弘. 总部经济［M］. 北京：中国经济出版社，2004"有关论述的基础上进行内涵修正与外延扩展。

①是地区内战略规划与实施的决策者;

②是地区内各个分子公司之间关系的协调者;

③是公司总部与东道国当地反应之间的协调者;

④是各个地区总部之间协作关系的维护者;

⑤是地区内分子公司社会责任的监督者。[①]

RHQ的特征主要表现为:

①既类似于公司总部,又区别于公司总部。Lehrer 和 Asakawa (1999) 认为 RHQ 被期望起到一种重要的、管理性的、类似于公司总部的功能。这就是说,RHQ 作为公司总部的"缩小版",负责整个地区内的物质资源、人力资源、资金等各方面的统筹安排以及该地区的战略部署。但是,RHQ 不是公司总部。因为,从管理职责来看,RHQ 只负责按照不同地理区域划分的所在地区内的业务管理,以及与其他地区之间的资源、战略等的协作关系,前者体现的是上下级之间的关系,后者体现了平级之间的关系。公司总部则负责全球范围内的业务,全部体现为上下级之间的关系。从管理层次上来讲,RHQ 处于第二层次,公司总部居于第一层次,即 RHQ 的层次低于公司总部的层次。

②是发展最为完善的地区性组织。宽泛的地区决策作用和一体化/协调作用是 RHQ 最为明显的两个作用,其他地区组织只发挥了其中的部分作用,即要么决策作用很强,一体化/协调作用很弱;要么决策作用很弱,一体化/协调作用很强;要么决策作用和一体化/协调作用都很弱,这种情况最终导致它们在某一方面发展比较完善,而在其他方面则欠缺。一句话,RHQ 是各方面发展最为完善的、最为高级的地区组织,而其他地区组织是较 RHQ 低级的组织。

③有别于投资性公司。一直以来,RHQ 相关政策较一般投资相对严格,致使一些想抢滩我国市场的外国跨国公司试图通过设立投资

---

① 任永菊. 跨国公司地区总部的区位选择 [M]. 北京:中国经济出版社,2006.

性公司的方式曲线设立 RHQ，或者说是在投资性公司的掩护下，实际上发挥 RHQ 的作用，结果造成了投资性公司和 RHQ 的混淆，特别是国内许多媒体都将投资性公司看作 RHQ 的前身。事实上，这种说法欠妥，因为"投资性公司系指外国投资者在中国以独资或与中国投资者合资的形式设立的从事直接投资的公司"①，即投资性公司只表现了很强的决策作用，而协调功能很弱，因此它有别于 RHQ，是较 RHQ 低级的地区组织。②

（2）功能性机构

功能性机构指的是注册地在中国境外的跨国公司设立的履行跨省市以上区域范围的研发、资金管理、结算、采购、销售、物流、支持服务等营运职能的外商投资企业。它可以划分为营销性机构、研发性机构、贸易性机构、行政性机构等。

①营销性机构的业务主要集中于跨国公司体系内部价值链中的营销环节，策划宣传跨国公司及其产品品牌，管理产品品牌，制定相应的营销策略，满足本地区乃至全球市场的需求。其核心竞争力来源于跨国公司在其发展过程中逐渐积累起来的品牌管理与经营能力。营销性机构以市场营销为主要职能，涵盖本地区营销战略规划、营销资源配置、营销业绩管理等一系列与营销相关的部分。

②研发性机构的业务主要集中于跨国公司体系内部价值链中的研发环节，利用跨国公司体系内部的核心技术，借助东道国本土的研发力量，实现在产品和技术等方面的持续创新，满足本地区乃至全球市场的消费者需求。其核心竞争力来源于母公司长期占据垄断地位的核心技术。研发性机构以技术研究与开发为主要职能，涵盖研发规划决策、研发资源配置、研发业绩管理、研发结果转化、跨国公司内外部资源协调等一系列与研发相关的部分。目前，研发性机构是中国各级政府都积极吸引的功能性机构。

③贸易性机构的业务主要集中于跨国公司体系内部价值链中的贸

---

① 《关于外商投资举办投资性公司的规定》。
② 任永菊. 跨国公司地区总部的区位选择［M］. 北京：中国经济出版社，2006.

易环节，利用跨国公司体系内部强大的分支机构等网络体系，实现原材料、中间产品、最终产品等在跨国公司内外部的转移，满足本地区乃至全球分支机构的研发、生产、销售等的需求。其核心竞争力来源于跨国公司发展过程中形成的内部化能力以及网络体系。贸易性机构以内外部贸易为主要职能，涵盖贸易渠道拓展、贸易资源配置、贸易业绩管理等一系列与贸易相关的部分。

④行政性机构的业务主要集中于跨国公司体系内部价值链中的行政管理环节，负责向相关部门提供集中共享的人力资源、法律、财会、审计、结算、核算、信息系统等服务，以及向各个业务团队提供分享成果、协商解决相关问题的平台。其核心竞争力来自于跨国公司发展过程中逐渐形成的占据优势的管理能力。行政性机构以战略规划、市场研究、财务管理、监督审计、行政管理等为主要职能，以保证跨国公司正常运转。

上述各类功能性机构与RHQ一起集聚于中国，一起助推中国外商直接投资的规模与质量，特别是质量方面。而这一切又都为中国经济转型升级注入了新的活力与动力，使得中国经济发展过程中出现了总部经济这种新的经济形态，并且迅速发展起来。

1.2 集聚历史概况

中国集聚RHQ、发展总部经济，起步于20世纪90年代，发展至今也已经有近30年的历史。纵观RHQ集聚历史，大致可以划分为三个阶段：1992—2002年的探索时期、2003—2012年的发展时期、2013年至今的扩张时期。

1.2.1 探索时期

1992—2002年，来华RHQ从无到有、从少到多、从北京市到上海市、从市场导向到政府导向，可以说，中国经历了一场集聚RHQ的全方位探索时期。

（1）探索背景

1978 年，中国实施改革开放政策。我们真正干起来是 1980
年。1981—1983 年，改革主要在农村进行；1984 年重点转入城市
改革；经济发展比较快的是 1984—1988 年；1989 年开始进入连续
3 年的治理整顿时期。"治理整顿有成绩，但评价功劳，只算稳的
功劳。"①

对于中国这样一个发展中大国，只求稳稳当当并不能利国利民。
在此背景下，1992 年 1 月 18 日至 2 月 21 日，中国改革开放的总设计
师邓小平，以一个普通党员身份，视察武昌、深圳、珠海、上海等
地，并发表重要谈话，即 1992 年邓小平南方谈话，提出：不坚持社
会主义，不改革开放，不发展经济，不改善人民生活，只能是死路一
条。基本路线要管一百年，动摇不得……改革开放胆子要大一些，敢
于试验，不能像小脚女人一样。看准了的，就大胆地试，大胆地
闯……改革开放迈不开步子，不敢闯，说来说去就是怕资本主义的东
西多了，走了资本主义道路。要害是姓"资"还是姓"社"的问题。
判断的标准，应该主要看是否有利于发展社会主义的生产力，是否有
利于增强社会主义国家的综合国力，是否有利于提高人民的生活水
平……从深圳的情况看，公有制是主体，外商投资只占 1/4，就是外
资部分，我们还可以从税收、劳务等方面得到益处嘛！多搞点"三
资"企业，不要怕。只要我们头脑清醒，就不怕……抓住时机，发展
自己，关键是发展经济……经济要发展得快一点……发展才是硬
道理。②

邓小平南方谈话给国内外各界"吃了一颗定心丸"。之后，中国
吸引外商直接投资的规模不断扩大。1992 年，中国实际利用外商直
接投资金额为 111.79 亿美元；1993 年猛增为 276.05 亿美元。之后一
直到 1997 年，中国实际利用外商直接投资金额持续较快增长。但是
受 1997 年亚洲金融风暴演变而来的亚洲金融危机影响，1998—1999

---

① 1992 年邓小平南方谈话。
② 1992 年邓小平南方谈话。

年中国实际利用外商直接投资金额出现连续两年的回落，1998年较1997年回落0.62%，1999年较1998年下降9.96%。1999年，亚洲金融危机结束。2000年中国实际利用外商直接投资金额重新回升，进入新一轮的持续快速增长时期，至2003年已经达到535.05亿美元，是1990年的14.67倍（如图1-1所示）。

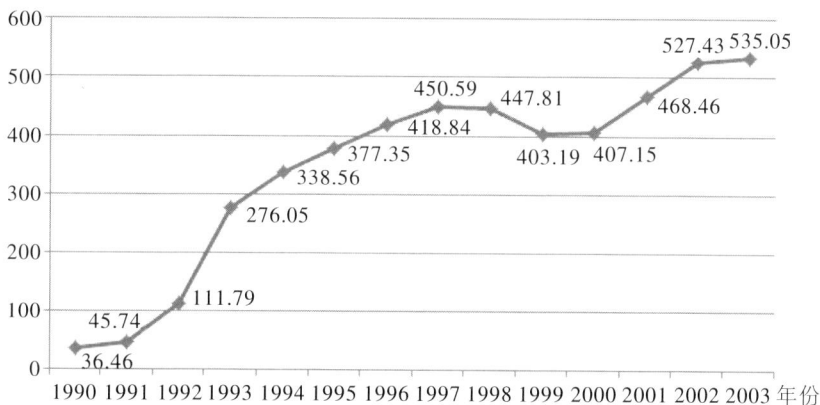

图1-1　中国实际利用外商直接投资金额（1990—2003年）（单位：亿美元）

资料来源　根据中国统计年鉴相关年份数据整理绘制。

（2）集聚区位相对集中

邓小平南方谈话极大地鼓励了跨国公司行为。在整个20世纪90年代，不仅来华外商直接投资增多，而且来华跨国公司RHQ也在增加。北京市和上海市是中国境内最早吸引RHQ的区位，也是集聚RHQ最为集中的两座城市。据不完全统计，20世纪90年代在北京市设立RHQ的跨国公司已经有30家左右，日本的RHQ最多，大约占到三成以上。设立RHQ的跨国公司的行业涉及电子信息、能源、制药、贸易等（见表1-3）。但是20世纪90年代北京市还没有实施RHQ认定管理。在此期间，中国尝试变革引资模式，即由单纯的吸引外商直接投资转变为吸引RHQ以及研发机构。1999年，北京市在全国范围内率先出台《关于鼓励跨国公司在京设立地区总部的若干规定》（京政发〔1999〕4号，1999年1月29日）。该规定涉及税收优惠、多种便利性、基本设施供应等。其中，多种便利性包括进出口经营权，管理人员进出境签证，高级管理人员家属出入境、居留、子女入学等，投资设立经销公司、财务公司、投资性公司、股份公司、保税仓库和工厂、研发机构、培训机构、技术支持中心等机构，外汇资金境内划转，急需人才进京手续等。

表1-3　　　集聚于北京市的部分RHQ（20世纪90年代）

公司名称	来源国	行　业	设立时间
欧姆龙（中国）有限公司	日本	自动化控制及电子设备制造	1991年
甲骨文（中国）软件系统有限公司	美国	数据库软件、IT软件	
伊藤忠（中国）集团有限公司	日本	国际贸易、国内贸易、投资	1993年
荷兰皇家壳牌集团	荷兰	上游业务、天然气一体化和新能源、下游业务以及项目和技术	
ABB（中国）有限公司	瑞士	电力和自动化技术领域	1994年
爱立信（中国）有限公司	瑞典	光纤网络、互联网应用和解决方案、多业务网络	
日立（中国）有限公司	日本	从社会基础设施到控制系统及各种零部件、信息通信系统、消费电子产品	
诺和诺德（中国）制药有限公司	丹麦	研制以及生产治疗糖尿病、肥胖症、血友病、生长激素紊乱等严重慢性疾病的药物	
西门子（中国）有限公司	德国	电气化、自动化和数字化领域	

续表

公司名称	来源国	行　业	设立时间
东陶（中国）有限公司	日本	生产销售民用及商业设施用卫浴及相关设备	1995年
东芝（中国）有限公司	日本	电力设备、输配电设备、自动化与驱动、工业用设备	
雀巢（中国）有限公司	瑞士	食品饮料	
三井物产（中国）有限公司	日本	钢铁制品、金属资源开发、综合资源回收、基础化学能源	
微软（中国）有限公司	美国	电脑软件、游戏机、数码播放器	
富士通（中国）有限公司	日本	在电子、通信领域进行投资	
正大（中国）投资有限公司	泰国	农牧食品、商业零售、电信、金融、地产、制药、机械加工	1996年
三星（中国）投资有限公司	韩国	消费类电子、IT & 移动通信、设备解决方案	
索尼（中国）有限公司	日本	电子、娱乐、金融、信息技术	
摩托罗拉系统（中国）投资有限公司	美国	通信、半导体、电子等领域	
日电（中国）有限公司	日本	利用ICT的优势开展社会解决方案业务、面部识别技术	
康明斯发动机（中国）投资有限公司	美国	独立发动机制造商、发动机关键零部件	1997年
佳能（中国）有限公司	日本	以光学技术为核心、涵盖影像系统产品产业设备	
诺维信（中国）投资有限公司	丹麦	工业酶制剂和微生物制剂	
乐天超市有限公司	韩国	零售、食品	

续表

公司名称	来源国	行　业	设立时间
爱普生（中国）有限公司	日本	打印、视觉交流、可穿戴设备、机器人领域	
麦肯锡（北京）咨询有限公司	美国	为企业和公共机构提供有关战略组织运营和技术方面的咨询	1998年
葛兰素史克（中国）投资有限公司	英国	处方药和疫苗供应商、消费保健品	
阿尔斯通（中国）投资有限公司	法国	发电和轨道交通基础设施领域等	
大众汽车（中国）投资有限公司	德国	汽车制造公司	1999年

资料来源　根据北京市商务局官网信息整理。

2001年，中国经过15年的艰苦努力，正式加入世界贸易组织，标志着对外开放进入新阶段。2001年《政府工作报告》强调，努力提高利用外资水平，有步骤地推进服务领域对外开放；鼓励外商特别是跨国公司投资高新技术产业、基础设施等领域，以及在我国建立研究开发机构，参与国有企业的改组改造。2002年《政府工作报告》进一步强调，鼓励外商特别是跨国公司在我国境内建立研究开发中心、生产制造基地和地区总部。

2000—2003年，来中国北京市设立RHQ的跨国公司来自亚洲的日本、欧洲的德国和法国，以及北美洲的美国，行业涉及电子信息、通信、咨询、贸易服务等（见表1-4）。从20世纪90年代到21世纪初入驻北京市的RHQ，绝大部分后来都得到商务部或者北京市商务局的认定。

在上海市，相关部门也在积极探索吸引RHQ。2002年7月20日，上海市政府出台了《上海市鼓励外国跨国公司设立地区总部的暂行规

表 1-4　　　集聚于北京市的部分 RHQ（2000—2003 年）

公司名称	来源国	行　业	设立时间
丰田汽车（中国）投资有限公司	日本	汽车领域、生物工程、绿化事业、海洋事业、金融事业	2001 年
戴姆勒大中华区投资有限公司	德国	商用车厂商、汽车企业、戴姆勒金融服务、零部件贸易服务	
北京世邦魏理仕物业管理服务有限公司	美国	房地产服务业、物业管理、商业地产咨询	
源讯信息技术（中国）有限公司	法国	互联网技术和计算机通信、网络与系统的技术开发咨询和服务	
乐华梅兰咨询顾问（北京）有限公司	法国	经济信息咨询、投资咨询、商务咨询	2003 年
电装（中国）投资有限公司	日本	世界汽车系统零部件的顶级供应商	

资料来源　根据北京市商务局官网信息整理。

定》，制定了具有吸引力的优惠政策：设立具有研发功能的地区总部，可以建立统一的内部资金管理体制，对自有资金实行统一管理；可以按照规定享受高新技术企业优惠政策；在浦东新区注册的地区总部，可以享受浦东新区优惠政策；地区总部设立的跨国采购中心和物流中心，可获得进出口经营权；出口货物可以享受退税政策。该规定还对地区总部的中国和外籍员工出入境、居留，紧急情况来沪的外籍人员提供便利的措施。2003 年 8 月 27 日，在召开的外资工作会议上，上海市政府出台了一批吸引外资的新政策、新措施作为相应补充，用以扩大 RHQ 的营运功能，包括：

①扩大RHQ的资金管理功能，鼓励上海市商业银行根据央行和银监会的要求，积极为RHQ提供所需要的结算、汇兑等金融服务。地区总部、被控股企业与商业银行可签订三方协议，通过在该银行及其分支机构的基本结算账户进行操作。

②改进对RHQ人员的出入境管理。RHQ中需要多次临时入境的外籍人员可以申请一年多次入境有效的访问签证，需要多次临时入境的外籍高级管理人员和高科技人才可申请2年至5年多次入境有效、每次停留不超过1年的访问签证。

从2002年9月开始，上海市政府开始RHQ认定工作。2002年9月、12月，2003年3月、6月、8月、11月先后完成6批RHQ认证工作，共有53家RHQ通过认证（见表1-5）。其中，通用集团在上海市政府认定的RHQ中占4个席位，包括3个该公司旗下业务集团的亚太RHQ，它们是从中国香港迁移过来的通用照明集团和通用工业系统集团、从日本东京迁移过来的塑料集团；之外，还有在上海新设立的通用（中国）研发中心。①阿尔卡特（中国）投资有限公司拿到"001"号证书。

表1-5　　集聚于上海市的RHQ（截至2003年11月）

序号	批次	获批时间	公司名称	母国（地区）
1	1	2002年9月	阿尔卡特（中国）投资有限公司	法国
2			艾默生电气（中国）投资有限公司	美国
3			三得利（中国）投资有限公司	日本
4			三菱商事（中国）投资有限公司	日本
5			埃克森美孚（中国）投资有限公司	美国
6			富士胶片（中国）投资有限公司	日本
7			德尔福汽车系统（中国）投资有限公司	美国
8			霍尼韦尔（中国）投资有限公司	美国

① 彭朋. 大型跨国公司地区总部移师上海热潮成形 [N]. 经济观察报，2003-10-25.

续表

序号	批次	获批时间	公司名称	母国（地区）
9			吉列（中国）投资有限公司	美国
10			阿特拉斯·科普柯（中国）投资有限公司	瑞典
11			米其林（中国）投资有限公司	中国台湾
12	2	2002年12月	金光纸业（中国）投资有限公司	印度尼西亚
13			嘉吉投资（中国）有限公司	美国
14			丸红（中国）有限公司	日本
15			汉高（中国）投资有限公司	德国
16			统一企业（中国）投资有限公司	中国台湾
17			东丽（中国）投资有限公司	日本
18			先锋电子（中国）投资有限公司	日本
19			科勒（中国）投资有限公司	美国
20			小松（中国）投资有限公司	日本
21	3	2003年3月	欧文斯科宁（中国）投资有限公司	美国
22			强生（中国）投资有限公司	美国
23			柯达（中国）投资有限公司	美国
24			比欧西（中国）投资有限公司	德国
25			中信泰富（中国）投资有限公司	中国香港
26			理光（中国）投资有限公司	日本
27			罗地亚（中国）投资有限公司	法国
28			威可楷（中国）投资有限公司	日本
29	4	2003年6月	重机（中国）投资有限公司	日本
30			震旦（中国）投资有限公司	中国台湾
31			第一资讯（中国）有限公司	美国
32			英特布鲁企业管理（上海）有限公司	比利时

续表

序号	批次	获批时间	公司名称	母国（地区）
33			汽巴精化（中国）有限公司	瑞士
34			亚东投资有限公司	中国台湾
35			东方海外（上海）投资有限公司	中国香港
36			联合利华（中国）有限公司	荷兰、英国
37	5	2003年8月	通用电气（中国）有限公司	美国
38			英飞凌科技（中国）有限公司	德国
39			罗氏（中国）有限公司	瑞士
40			迪爱生投资有限公司	日本
41			通用电气（中国）研究开发中心有限公司	美国
42			日清食品（中国）投资有限公司	日本
43			传慎（中国）投资有限公司	新加坡
44			上海东航太古投资有限公司	中国香港
45			普莱克斯（中国）投资有限公司	美国
46			日清奥利友（中国）投资有限公司	日本
47			伊奈（中国）投资有限公司	日本
48	6	2003年11月	兴利投资（中国）有限公司	中国香港
49			拜耳（中国）有限公司	德国
50			富国太平洋（中国）投资有限公司	新西兰
51			奂鑫（中国）投资有限公司	新加坡
52			德州仪器半导体技术（上海）有限公司	美国
53			奥的斯电梯管理（上海）有限公司	美国

资料来源　[1]梅绍华. 跨国公司设立地区总部　北京上海谁是理想之地［N］. 经济日报，2003-09-02. ［2］彭朋. 大型跨国公司地区总部移师上海热潮成形［N］. 经济观察报，2003-10-25. ［3］上海市商务委员会外资审批管理处. 上海53家获跨国公司地区总部认定的公司名单［EB/OL］.（2005-08-18）［2019-04-04］. http://www.scofcom.gov.cn/service/search/content.jsp? contentid= MjI0NTAw.

1.2.2 发展时期

2003—2012年是中国集聚RHQ以及其他功能性机构的发展时期。在多重背景下，中国大地上催生了第一个总部基地和第一个总部经济理论，同时各地区陆续出台和实施相关优惠政策，加速了研发中心紧随RHQ步伐加速集聚，进一步促进总部经济发展。

（1）发展背景

总体来看，从探索时期到发展时期，中国政府的一系列政策、措施以及经济社会发展现实吸引了外商直接投资，也吸引了RHQ，主要涉及：

①邓小平南方谈话确定了中国的外资政策导向，也向外商传递了一个强烈的正向信号，即中国欢迎外商直接投资。这个信号一直具有延续性，其影响力是持续的。

②亚洲金融危机中，中国承受了前所未有的巨大压力，坚持人民币不贬值；与此同时，中国在危机中并没有受到直接冲击，金融、经济以及社会继续保持稳定发展。这都给各国投资者发出了一个明显信号——中国值得信赖。

③中国进入进一步扩大对外开放以及提高外资质量的时期。2001年12月，中国正式加入世界贸易组织，标志着对外开放进入新阶段。[①]各行各业和广大企业都在加快改革，强化自身管理，努力提高技术水平，进一步增强企业竞争能力和抵御风险的能力。

④中国经济连续保持7%以上的较高速增长，为跨国公司提供了来中国投资、设立RHQ以及研发中心等功能性机构、布局中国、抢占中国市场的信心。与此同时，中国本土跨国公司逐渐成长起来，在实行对外直接投资的过程中，也在世界范围内宣传中国、解读中国，进一步增强了各国投资者对中国的信心。

⑤2001年北京市申奥成功，即夏季奥运会2008年在北京市兴办，

---

① 朱镕基2003年《政府工作报告》。

极大地提升了北京市以及中国在世界的知名度，也激励了跨国公司来华投资以及增加投资。

（2）催生总部经济系列事物

上述一系列政策与措施催生总部经济相关事物的出现：

①催生中国境内的第一个总部基地。2003年，北京市建立了中国第一个总部基地。该基地位于北京市丰台区科技园，由英国道丰国际集团建立。该基地是北京市最自觉、最明确地提出通过发展总部经济拉动区域经济发展的一个大项目。该项目突出两大特点：一是采用后工业时代的商务花园理念，在项目定位上具有超前性和市场吸引力；二是采用了中外合资开发的新园区开发模式，这在国内国家级高新区开发模式中是少有的……2003年成为总部经济崭露头角的一年。

②催生总部经济的相关理论。2004年，北京市《政府工作报告》明确规定：广泛吸引跨国公司、国内外金融机构、大企业、大集团来北京市设立总部、研发中心、营运中心、采购中心，发展总部经济。同年，北京市社会科学院总部经济研究中心成立，并出版《中国总部经济发展报告》《总部经济》等专著。与此同时，南开大学跨国公司研究中心开始专门研究RHQ相关理论，特别是RHQ区位选择问题。至此，总部经济理论基本形成。

③催生多层次吸引RHQ、发展总部经济的优惠政策。上海市于2008年7月7日废止《上海市鼓励外国跨国公司设立地区总部的暂行规定》（沪府发〔2002〕24号），并公布执行《上海市鼓励跨国公司设立地区总部的规定》；厦门市政府和杭州市政府分别于2004年和2007年公布相关暂行/试行规定；天津市财政局、发展和改革委员会、地方税务局，以及深圳市金融办公室分别于2006年和2008年发布金融业的相关政策，其中涉及金融业地区总部入驻的优惠条件；广州市东山区①出台《关于进一步加快总部经济发展的若干意见（试行）》。除上海市之外，其他地区均为首次公布相关优惠政策（见表1-6）。

---

① 2005年5月，广州市东山区被撤销并入越秀区。

表1-6　　　　部分地区关于总部经济相关政策（2003—2012年）

地区	政策名称	出台单位	公布执行日
广州市东山区	关于进一步加快总部经济发展的若干意见（试行）	中共广州市东山区委、广州市东山区人民政府	2003年7月15日
福建省厦门市	关于鼓励境内外企业在厦门设立地区总部的暂行规定	厦门市人民政府	2004年9月28日
天津市	天津市促进企业总部和金融业发展优惠政策	天津市财政局、发展和改革委员会、地方税务局	2006年1月1日
浙江省温岭市	关于加快总部经济发展的若干意见	温岭市人民政府	2006年9月4日
浙江省杭州市	关于加快总部经济发展的若干意见（试行）	杭州市人民政府	2007年8月22日
上海市	上海市鼓励跨国公司设立地区总部的规定	上海市人民政府	2008年7月7日
广东省深圳市	深圳市支持金融业发展若干规定实施细则	深圳市人民政府金融服务办公室	2008年12月31日
成都市成华区	关于促进总部经济发展若干政策的意见	中共成都市成华区委、成都市成华区人民政府	2009年2月11日
湖北省武汉市	武汉市人民政府关于加快我市总部经济发展的若干意见	武汉市人民政府	2009年2月26日
福建省泉州市	泉州市关于加快总部经济发展的若干意见	泉州市人民政府	2009年4月1日
北京市	关于鼓励跨国公司在京设立地区总部的若干规定	北京市人民政府	2009年5月21日
全国	关于研发机构采购设备税收政策的通知	财政部、海关总署、国家税务总局	2009年10月10日

续表

地区	政策名称	出台单位	公布执行日
全国	关于进一步做好利用外资工作的若干意见	国务院	2010年4月6日
江苏省苏州市	关于加快总部经济发展的若干意见	苏州市人民政府	2010年5月1日
江苏省常熟市	关于加快总部经济发展的若干意见（试行）	常熟市人民政府	2011年6月18日
福建省福州市	福州市鼓励加快总部经济发展实施办法	福州市人民政府	2011年12月15日
江苏省无锡市	关于加快总部经济发展若干意见	无锡市人民政府办公室	2012年9月5日
上海市杨浦区	杨浦区关于促进总部经济发展的若干政策规定（试行）	上海市杨浦区人民政府办公室	2012年8月20日
上海市杨浦区	杨浦区总部经济企业认定办法	上海市杨浦区商务委员会	2012年12月17日

（3）研发中心紧随RHQ集聚步伐

从探索时期到发展时期，跨国公司来中国设立RHQ的区位已经不再仅仅局限于北京市和上海市，开始向江苏省、广东省、福建省、浙江省、天津市等沿海地区，以及湖北省、四川省等中西部地区扩张；也就是说，RHQ集聚区位已经由北京市和上海市演变为向多座城市分散集聚的态势。与此同时，跨国公司不仅在中国设立RHQ，而且加紧了设立研发中心等功能性机构的步伐。以江苏省苏州市为例，截至2011年年末，其外资大中型企业共有1 526家，设立研发机构的有698家，占总数的45.7%。正式经过认定的外资企业和非独立研发机构有522家，占苏州市已认定研发机构总数（702家）的74%，其中，外资独立研发中心（企业）有85家，占江苏省总数（214家）的1/3以上，投资总额为18.8亿美元，注册外资7.4亿美元，总投资千万美元以上的有31家，占比36.5%；外资非独立研发机构有437

家。除认定的企业研发机构外，苏州市外资大中型企业中，至少还有150家以上企业设立了从事应用性研究、工艺改进、技术合作等科研活动的非独立研发机构（部门）。①

跨国公司在中国设立研发中心，是跨国公司和中国双方都获益的行为：一方面有利于中国提高引用外资的质量；另一方面有利于跨国公司经营本土化，节约经营成本。在这个发展时期，外资在中国设立的研发中心呈现几个特点（见表1-7）：

表1-7　　　　　　　　　来华跨国公司研发中心特点

项目类别			特　点
总体规模			增长迅速
全球战略地位			不断提高
区位分布			外商直接投资相对集中的区位
研发中心类型	独立法人		占比相对于非独立法人形式较小
	非独立法人	公司内部研发部门	规模较小、灵活性强
		分公司形式的研发中心	规模较大、承担的研发大项目较多
技术类别	核心技术		居于次要地位
	共性关键技术		
	产品应用技术		居于主要地位
行业分布			集中于电子及通信设备制造业、交通运输设备制造业、医药制造业、化学原料及化学品制造业等技术密集型行业

①跨国公司研发中心总体规模增长迅速。据不完全统计，截至

① 中华人民共和国商务部驻南京特派员办事处，江苏省商务厅. 苏州外资研发机构建设取得初步成效 [EB/OL]. [2019-03-18]. http://www.mofcom.gov.cn/aarticle/resume/dybg/201207/20120708252775.html.

2002年6月，外商投资设立的各种类型的研发中心累计达200多家；截至2004年8月，累计达600多家。另外，许多已经在中国设立研发中心的跨国公司还在增加研发投入。

②跨国公司提高中国研发中心在全球战略中的地位。比如微软亚洲研究院、诺基亚杭州研发中心、上海贝尔阿尔卡特研发中心、松下研究开发（中国）有限公司、索尼爱立信（中国）有限公司研发部等都是集团公司的全球研发中心。

③外商投资研发中心的区位分布相对集中。区位分布受到外商投资规模大小的影响，因此主要设立在广东省、北京市、上海市、江苏省、天津市等外商投资相对集中的地域。

④研发中心以非独立法人形式为主。跨国公司研发中心可以划分为独立法人和非独立法人两大类。外商普遍倾向于设立非独立法人形式的研发中心。在600多家研发中心中，大部分跨国公司采用的是非独立法人形式。外商设立的非独立法人研发中心可以细分为公司内部研发部门和分公司形式的研发中心两类。公司内部研发部门形式的研发中心规模比较小，承担的研发大项目较少，灵活性强。

⑤技术类别以产品应用技术研究为主。一般情况下，跨国公司的研发活动可以分为两个阶段，即产业科技基础阶段和具体产品研发阶段。基础阶段的研究重点是产业共性技术，开发周期长，资金投入大；具体产品研发阶段主要针对特定的市场需求研究开发适用性产品，投入适中，研发成果商业化迅速。与此相应，研发中心研究开发的技术分为三个层次，即核心技术、共性关键技术和产品应用技术。此时，跨国公司研发中心主要是以产品应用技术研究为主，如IBM中国研究中心。

⑥外商投资研发中心的行业分布与技术水平在该行业发展中的重要性有关，主要集中于技术密集型行业，如电子及通信设备制造业、交通运输设备制造业、医药制造业、化学原料及化学品制造业等。①

① 石柱. 外资研发中心呈现七大特点 [N]. 国际商报，2004-08-16.

1.2.3 扩张时期

2013 年至今，RHQ 与研发中心等功能性机构集聚进入到扩张时期。此扩张不仅有"1+3+7"个自由贸易试验区以及 1 个自由贸易试验港建设作为背景，而且有实行全方位对外开放以及"双向投资"战略等作为支撑。

（1）扩张背景

在扩张时期，中国政府采取的一系列政策以及世界范围内的风云变幻一起构成了 RHQ 和研发中心等功能性机构集聚扩张的背景，主要涉及：

①从国外来看，始于 2007 年，到 2008 年 9—10 月到达顶点。金融危机发生后，希腊等欧盟国家发生债务危机，即欧洲主权债务危机。一直到 2013 年 12 月 16 日，爱尔兰退出欧债危机纾困机制，成为第一个脱困国家。然而，金融危机在欧洲引发的变化深远而持久。

②与欧洲不同，中国国内情形一直向好。2013 年是中国发展史上的重要年份。2013 年 3 月，全国政协十二届一次会议和全国人大十二届一次会议在北京市召开，选举产生了新一届国家机构领导人和全国政协领导人，批准了《国务院机构改革和职能转变方案》。同年 9 月 29 日，中国（上海）自由贸易试验区正式启动运行。

③中国分别于 2014 年和 2017 年设立第 2 批 3 家以及第 3 批 7 家自由贸易试验区。第 2 批包括中国（广东）自由贸易试验区、中国（天津）自由贸易试验区、中国（福建）自由贸易试验区；第 3 批包括中国（辽宁）自由贸易试验区、中国（浙江）自由贸易试验区、中国（河南）自由贸易试验区、中国（湖北）自由贸易试验区、中国（重庆）自由贸易试验区、中国（四川）自由贸易试验区、中国（陕西）自由贸易试验区。2018 年 4 月 13 日，习近平总书记在庆祝海南建省办经济特区 30 周年大会上郑重宣布，党中央决定支持海南省全岛建设自由贸易区，支持海南省逐步探索、稳步推进中国特色

自由贸易港建设，分步骤、分阶段建立自由贸易港政策和制度体系。

④"双向投资"已经成为中国国家战略之一。自1949年以来，中国经济经过几次重大转折，特别是始于1978年的改革开放政策，在促进中国"引进来"快速发展的同时，也大大鼓励了中国企业"走出去"。为成功推进"双向投资"布局，中国各级政府都在努力实现：第一，对外宏观平稳中的战略协同，以在资本流出中确保国内增长，实现资本流入、流出的总量平衡；第二，投资战略与贸易战略的协同，以对外投资促进贸易出口，在"一带一路"建设中实现投资、贸易协同推进；第三，国家战略与地方战略的协同，使地方政府既注重引进也注重流出；第四，产业发展战略的内外协同，使对外投资有效促进国内技术进步与产业升级，高水平引进与自主创新相互促进。①

⑤实施全方位开放政策。李克强总理在2015年《政府工作报告》中强调"开放也是改革。必须实施新一轮高水平对外开放，加快构建开放型经济新体制，以开放的主动赢得发展的主动、国际竞争的主动"。习近平总书记则先后在多个场合强调中国坚持扩大开放的信心和决心。需要特别指出的是，习近平在2018年首届中国国际进口博览会开幕式上再次强调："中国推动更高水平开放的脚步不会停滞，推动建设开放型世界经济的脚步不会停滞，推动构建人类命运共同体的脚步不会停滞。"②

在上述国内外形势驱动下，自2013年开始，中国开始进入集聚RHQ的扩张时期。

（2）总部经济已经深入人心

在扩张时期，一系列事件出现，充分说明总部经济作为一种新型的经济形态，已经在中国扎根，深入人心。系列事件主要包括：

---

① 张幼文. 开放型发展新时代：双向投资布局中的战略协同 [J]. 探索与争鸣，2017（7）：97-106.
② 姜微，白洁，刘红霞. 习近平出席首届中国国际进口博览会开幕式并发表主旨演讲 [EB/OL].（2018-11-06）[2019-03-18]. http://www.xinhuanet.com/mrdx/2018-11/06/c_137585365.htm.

①RHQ 和各类功能性机构分层次集聚，进而形成多层次集聚中心，即形成 CP（core-peripheral，核心-外围）关系下的多维总部经济模型。以粤港澳大湾区为例，中国香港为核心城市，集聚跨国公司亚太地区总部，广州/深圳为次核心城市，集聚跨国公司中国区地区总部或者华南地区总部，周边城市形成加工基地等。①

②全国范围内各级政府不断出台不同层次的相关政策。比如，以东北地区为例，辽宁省大连市于 2013 年 11 月出台《大连市总部经济发展规划》，这是能够找到的全国第三个关于总部经济的发展规划；吉林省延边朝鲜族自治州于 2014 年 6 月出台《延边州鼓励发展总部型经济暂行办法》；辽宁省沈阳市则于 2014 年 12 月出台《关于促进总部经济发展的实施意见》；黑龙江省七台河市于 2018 年 2 月出台《七台河市加快总部经济发展的若干意见（试行）》（见表 1-8）。

表 1-8　　部分地区关于总部经济的相关政策（2013 年至今）

地区	政策名称	出台单位	公布执行日
江苏省宿迁市	关于促进宿迁市骆马湖总部经济集聚区发展的意见	宿迁市人民政府	2013 年 4 月 26 日
辽宁省大连市	大连市总部经济发展规划	大连市人民政府	2013 年 11 月 7 日
江苏省淮安市	市政府关于加快总部经济发展的若干意见	淮安市人民政府	2013 年 12 月 26 日
吉林省延边州	延边州鼓励发展总部型经济暂行办法	延边州人民政府	2014 年 6 月 4 日
上海市	关于鼓励跨国公司设立地区总部规定实施意见的补充规定	上海市商务委员会、上海市人力资源和社会保障局、上海市公安局出入境管理局、上海出入境检验检疫局	2014 年 6 月 24 日

① 任永菊. 地区总部、产业结构与总部经济——来自香港的实证研究与思考 [J]. 亚太经济，2007（4）：67-70.

续表

地区	政策名称	出台单位	公布执行日
湖北省荆门市	关于加快发展总部经济的意见	荆门市人民政府	2014年7月12日
辽宁省沈阳市	关于促进总部经济发展的实施意见	沈阳市人民政府	2014年12月11日
天津市滨海新区	滨海新区关于促进总部经济发展的实施意见	中共天津市滨海新区区委、天津市滨海新区人民政府	2016年2月23日
北京市	关于促进总部企业在京发展的若干规定实施办法	北京市商务委员会①	2016年4月29日
湖南省湘阴县	湘阴县鼓励和促进总部经济发展实施意见	湘阴县人民政府	2016年9月28日
上海市青浦区	青浦区促进总部经济及其他重大项目发展实施细则	上海市青浦区人民政府办公室	2016年12月1日
上海市	上海市鼓励跨国公司设立地区总部的规定	上海市人民政府	2017年1月27日
湖南省浏阳市	浏阳经济技术开发区管理委员会关于加快总部经济发展和引进的若干意见	浏阳市经济技术开发区管理委员会	2017年6月6日
河北省廊坊市固安县	固安县关于鼓励总部经济、高端经济发展的规定（试行）	廊坊市固安县人民政府办公室	2017年7月25日
上海市杨浦区	杨浦区关于促进总部经济发展的若干政策规定	上海市杨浦区人民政府办公室	2017年9月1日
上海市静安区	静安区关于促进总部经济发展的实施办法（试行）	上海市静安区商务委员会	2017年10月23日

---

① 2018年11月，北京市商务委员会更名为北京市商务局。

地区	政策名称	出台单位	公布执行日
黑龙江省七台河市	七台河市加快总部经济发展的若干意见（试行）	七台河市人民政府	2018年2月24日
河北省秦皇岛市	秦皇岛市总部经济发展规划（2016—2020）	秦皇岛市人民政府办公厅	2018年2月26日
湖南省湘江新区管理委员会	关于支持总部经济发展的实施办法	湘江新区管理委员会	2018年3月5日
重庆市	关于加快总部经济发展的意见	重庆市人民政府	2018年4月18日
福建省宁德市	宁德市进一步促进总部经济发展实施意见	宁德市人民政府	2018年4月19日
上海市虹口区	加快发展总部经济的实施意见	上海市虹口区商务委员会	2018年5月2日
天津市	天津市鼓励跨国公司地区总部及总部型机构发展专项资金使用和管理办法	天津市商务委员会①	2018年5月31日
广东省东莞市	关于促进总部经济发展的若干意见	东莞市人民政府	2018年6月20日

资料来源　各相关政府部门官网。

③全国范围内到处兴起总部基地建设热。除中国第一个总部基地，即北京市丰台区总部基地之外，天津市总部基地、长沙市（中南）总部基地、杭州市东部湾总部基地、江南总部基地、烟台市总部基地、青岛市总部基地、潍坊市总部基地、重庆市西部国际总部基地、北京市环渤海高端总部基地、成都市青羊总部基地、南宁市五象新区总部基地、深圳市金苹果总部基地、呼和浩特市万铭总部基地、

---

① 2018年11月，天津市商务委员会更名为天津市商务局。

郑东新区中原总部基地等都在兴建。当然，这里面不排除可能出现的房地产方面的概念炒作。尽管如此，可以从另外一个层面说明总部经济对于全国各地区各界的影响力。

④自2004年中国出现第一部关于总部经济的理论专著之后，国内理论研究可以说是如火如荼。截至2018年12月24日，中国知网（CNKI）以"总部经济"为主题和在全文出现"总部经济"的相关研究分别达到2 988篇和195 746篇，14年间平均每年分别增长213.43篇和13 981.86篇。相关研究的增长速度可以说是惊人的。另外，研究内容更具针对性。比如，许多研究已经不再局限于国家或省级层面，而是逐渐向地级市、县级市、街道，甚至更微观的区域等探讨如何发展总部经济，提出更具实际操作性的政策建议等。

1.3 集聚结构概况

集聚于中国的RHQ以及功能性机构，在来源地、经营类别、总部性质等方面呈现出相应的结构特征。

1.3.1 来源地结构

集聚于中国的RHQ，来源地既分散又集中，而且一直未改变。分散是指RHQ的来源地分散，既有来自于发达经济体的，也有来自于新兴工业化国家的，而不再仅仅局限于某些发达经济体。

①来华设立RHQ的跨国公司来源地主要集中于美国、日本、法国、德国等发达经济体。

②逐渐形成以北美洲、欧洲、日本以及亚洲其他国家或地区四足鼎立之势。[①]比如，2003年，集聚北京市和上海市的RHQ共计76家，主要集中于美国、日本、法国、德国等国家或地区。其中，美国是在华设立RHQ最多的国家，为22家，占总数的28.9%；其次是日本，

---

① 任永菊. 跨国公司地区总部的特征、类型及其来华情况分析 [J]. 世界经济，2005（1）：68-74.

为16家，占21.1%；再次是法国，为6家，占7.9%；居于第四位的是德国，为5家，占6.6%。从大洲来看，亚洲最多，共计30家，占39.5%。其中，日本为16家，占21.1%；除日本之外的亚洲其他国家或地区为14家，占18.4%。北美洲为23家，占30.3%；欧洲为22家，占28.9%；大洋洲为1家，占1.3%（见表1-9）。

表1-9　依据海外母公司注册地来源划分的北京市和
上海市RHQ数量及所占比重（2003年）

国家或地区	数量	所占比重（％）	国家或地区	数量	所占比重（％）
欧洲	22	28.9	北美洲	23	30.3
法国	6	7.9	美国	22	28.9
德国	5	6.6	加拿大	1	1.3
瑞士	4	5.3	亚洲	30	39.5
瑞典	2	2.6	日本	16	21.1
比利时	1	1.3	中国台湾	4	5.3
丹麦	1	1.3	中国香港	4	5.3
英国	1	1.3	韩国	2	2.6
芬兰	1	1.3	新加坡	2	2.6
荷兰	1	1.3	泰国	1	1.3
大洋洲	1	1.3	印度尼西亚	1	1.3
新西兰	1	1.3			

注：2003年数据中无法核实在北京市设立地区总部的第24家地区总部的国籍，地区总部的数量按照76家计算。

经过数年发展，一方面，集聚北京市和上海市的RHQ的态势并未有大的改变；另一方面，随着其他地区集聚的RHQ和功能性机构增多，更巩固了北美洲、欧洲、日本以及亚洲其他国家或地区四足鼎立之势。江苏省即是一个很好的例子。自2012年江苏省开始实施认证工作以来，到2018年11月，已经顺利完成共计8批的认证工作。

2018年11月12日，江苏省商务厅正式下发关于开展第9批RHQ认证工作的通知。前8批共计完成200家企业认证，其中111家被认定为RHQ，89家被认定为功能性机构。依据2015—2018年江苏省认定的第4至8批RHQ和功能性机构来源地，我们可以知道RHQ和功能性机构分别为44家和22家。①从RHQ来看，有9家来自欧洲，占20.45%；亚洲33家，占75%，居第1位；北美洲只有2家，占4.55%（见表1-10）。从功能性机构来看，欧洲有5家，占22.73%；北美洲有8家，占36.36%；亚洲有9家，占40.91%（见表1-11）。

表1-10 　　依据海外母公司注册地来源划分的江苏省
RHQ数量及所占比重（2015—2018年）

国家或地区	数量	所占比重（%）	国家或地区	数量	所占比重（%）
欧洲	9	20.45	北美洲	2	4.55
法国	2	4.55	美国	1	2.27
德国	2	4.55	加拿大	1	2.27
瑞士	1	2.27	亚洲	33	75.00
挪威	1	2.27	日本	3	6.82
英国	1	2.27	新加坡	3	6.82
芬兰	1	2.27	韩国	3	6.82
意大利	1	2.27	中国台湾	11	25.00
			中国香港	12	27.30
			中国香港、澳门或台湾（具体不详）	1	2.27

资料来源　根据江苏省商务厅官网信息整理。

---

① 因为缺乏第1至3批数据，所以只能以第4至8批数据为例说明。

表 1-11　　　依据海外母公司注册地来源划分的江苏省
功能性机构数量及所占比重（2015—2018 年）

国家或地区	数量	所占比重（%）	国家或地区	数量	所占比重（%）
欧洲	5	22.73	开曼群岛	1	4.55
法国	2	9.09	英属维尔京群岛	1	4.55
瑞典	1	4.55	亚洲	9	40.91
挪威	1	4.55	新加坡	1	4.55
西班牙	1	4.55	中国台湾	4	18.18
北美洲	8	36.36	中国香港	3	13.64
美国	6	27.27	中国香港、澳门或台湾（具体不详）	1	4.55

资料来源　根据江苏省商务厅官网信息整理。

1.3.2　经营类别结构

经营类别结构与 RHQ 集聚区位密切相关，且逐渐显现出地域特征。

（1）北京市 RHQ 以信息产业为主

集聚北京市的 RHQ "母公司"以信息产业为主，同时集聚了制造业研发中心以及金融机构。其主要原因在于：

①最优质的创新资源为信息产业 RHQ 以及制造业研发中心集聚创造了条件。技术创新是跨国公司保持其竞争优势的手段之一，只有不断创新才能立于不败之地。北京市拥有以北京大学和清华大学等为核心的全国最著名的高校集群，以及中国科学院等为核心的研究机构，具有信息产业发展需要的最优质的创新资源。因此，信息产业RHQ 集聚北京市是预料之中的事。目前，北京市集聚了甲骨文（中

国）软件系统有限公司、爱立信（中国）有限公司、微软（中国）有限公司、日立（中国）有限公司、西门子（中国）有限公司、源讯信息技术（中国）有限公司等。

②人流、资金流、信息流的交融为现代服务业RHQ的集聚提供了保障。北京市作为全国的政治中心、文化中心、国际交往中心、科技创新中心，构成了人流、资金流、信息流不断交融的美丽画卷，也为现代服务业的发展创造了条件，为集聚现代服务业RHQ提供了保障。目前，北京市集聚了来自美国、英国等国家的世界传媒巨头，以及来自美国、法国等国际金融机构等。

（2）上海市RHQ以制造业、金融业和商业等产业为主

上海市以制造业、金融业和商业等产业的RHQ为主。一般来讲，集聚上海市的RHQ"母公司"技术雄厚，"总部"产品行业领先。其原因在于：

①上海市拥有完整的产业集群，此类企业多以苏州市、南通市、无锡市、昆山市等上海市周边地区为其驻地，在紧靠总部的同时实现成本最小化。比如，英国医药制造企业阿斯利康（Astrazeneca）公司2012年6月28日在上海市张江园区正式启用，投资1亿美元，并且集亚太区（中国）总部、中国创新研究中心、部分全球职能中心于一体。这是该公司继美国威明顿（Wilmington）、英国伦敦之后的全球第三大地区总部。与此同时，阿斯利康公司还在江苏省无锡市新区登记注册，开发生产冻干粉针剂、片剂、硬胶囊剂等。

②作为中国的金融中心，上海市金融市场的辐射效应已经覆盖全国。比如，上海市陆家嘴金融贸易区集聚了多家国家级和省级要素市场，以及国内外金融机构。

③在商业领域，拥有深水港、发达铁路和航空设施的上海市贸易行业异常兴盛。作为我国对外窗口的上海市，对外贸易活动十分频繁，跨国公司云集，RHQ也纷至沓来。比如，北外滩的航运一条街集聚了来自于瑞士、新加坡、德国等国家的航运类企业RHQ。

（3）广东省 RHQ 以制造业、互联网、金融类等产业为主

与北京市和上海市相比，广东省则以制造业、互联网、金融类等产业 RHQ 为主。其主要原因在于：

①产业共建模式的助推作用。共建模式是广东省为提升珠三角、带动粤东西北，促进城乡融合发展，加快形成全省一体化发展新格局，提出要深化珠三角与粤东西北的产业共建。进行产业共建的模式，即要狠抓产业共建龙头项目，探索推广"总部+基地""研发+生产"等共建模式，发挥好龙头企业牵引和行业协会或商会组织带动作用，推动产业链区域布局。①共建模式有力推动了制造业 RHQ 集聚深圳市、东莞市等地。

②广州市是粤港澳大湾区最核心的城市，是大湾区联系内地、辐射内地的最佳桥梁和纽带，也是华南地区的科教中心，是重要的创新中心和金融中心。因此，广州市成为集聚互联网、金融类等产业 RHQ 以及研发中心的重要区位。

（4）江苏省 RHQ 以高新技术、制造业等产业为主

江苏省以高新技术、制造业等产业 RHQ 为主。其主要原因在于：

①长江三角洲是世界级城市群成员之一，江苏省与上海市已经共同形成了一个非常完整的产业链，也直接影响了江苏省集聚 RHQ 的产业类别。比如，汽车制造业是上海市的六大支柱产业之一，受此影响，多家汽车配套跨国公司或者 RHQ 落户在江苏省。

②总体来说，江苏省的城市综合制造能力以及科研能力普遍非常高，奠定了集聚制造业或者高新技术 RHQ 以及研发中心的前提条件。比如，南京市以集聚制造业 RHQ 或者研发中心为主；苏州市和无锡市则多以高新技术 RHQ 或者研发中心为主，比如 IC、光电显示、集成电路、生物医药等附加值较高的产业。②

---

① 胡春华在中国共产党广东省第十二次代表大会上的报告《深入贯彻习近平总书记治国理政新理念新思想新战略 努力在全面建成小康社会加快建设社会主义现代化新征程上走在前列》（2017 年 5 月 22 日）。
② 赵昕昕，徐晓琳，张艳，等. 宁波与长三角典型城市总部经济发展比较调研——以宁波与上海、南京、杭州、苏州、无锡的比较为例 [J]. 商场现代化，2010（11）：132–133.

1.3.3　总部性质结构

从总部性质结构来看，基本上可以分为几类：

（1）以RHQ为主

RHQ的性质定位有亚太地区总部、大中华地区总部、东亚地区总部、中国地区总部等。集聚上海的RHQ一般被定位为中国地区总部。地区总部的性质以"中国地区总部"为主，但是地区总部的性质定位并不是一成不变的。随着上海市总部经济的发展趋于成熟，部分企业的地区总部定位正在从中国地区总部升格为大中华地区总部、东亚地区总部、亚太地区总部等。与上海市类似，北京市也是以"中国地区总部"性质为主。集聚于广州市或深圳市的RHQ更多定位为华南地区总部，但也不排除有少数中国地区总部，比如美国零售巨头沃尔玛中国地区总部就位于深圳市。集聚于武汉市的RHQ则集中于华中地区总部甚至湖北地区总部等。

（2）以中国国内大型企业总部为主

中国国内大型企业总部也是各地竞相争夺的对象。但是因为历史原因，大型央企、国企有其明显的地域性特点，以北京市最为突出。在2018年《财富》世界500强企业（以下简称世界500强企业）中，中国上榜120家，已经非常接近美国（126家），远超过居于第3位的日本（52家）。其中，北京市上榜企业为53家，以一城之力就超过了日本一个国家，占中国上榜企业120家的44.2%。国家电网、中石化、中石油分列全球第2至4位，与2017年的排位相同；四大国有银行（中国工商银行、中国建设银行、中国农业银行、中国银行）仍然是总部位于北京的、利润榜前10位的中国公司。上海市、深圳市的上榜企业分别为7家，其他则分布于广州市、西安市、天津市、晋城市、长春市、杭州市、苏州市、乌鲁木齐市、青岛市、济南市、滨州市、福州市、武汉市等全国多个城市。

（3）以高新技术企业总部为主

以高新技术企业总部为主的区域中，北京市依然有得天独厚的优势。2016年，北京市总部企业共有4 007家。其中，国家级高新技术企业总部有1 220家，比上年增加154家，占比为30.4%；资产总计31 000亿元，同比增长41.4%；营业收入为15 000亿元，同比增长31%。可以说，一大批的科技总部企业创新发展，为北京科技创新中心建设发挥了较为突出的引领作用。百度2018财年研发支出为158亿元人民币（约合22.9亿美元），比2017财年增长22%。在人工智能领域，百度深度语音识别系统入选MIT2016十大突破技术；在深度学习方面，百度的万亿参数排在世界第一。"百度大脑"的无人驾驶汽车、语音识别等人工智能技术成为全球的领跑者。大北农加速布局农业互联网，建立了管理网、农村电商网、金融平台网"三网一通"的管理体系；广联达立足传统建设工程，向产业大数据、产业征信、产业金融等平台服务商转型。①

（4）以各类金融机构总部为主

在各类金融机构总部中，北京市和上海市可以说是各具特色，难分伯仲。

北京市商务中心区（CBD）是总部企业的重要承载区，入驻CBD的总部企业超过400家，约占全市的10%。外资金融业和商务服务业实现收入占北京市的27.1%，国家商务功能凸显。另外，CBD已经有16家跨国公司开展了外汇资金集中运营管理试点，帮助跨国企业提升全球资金运营效率、降低财务成本。金融街是中国金融资产最密集的区域，聚集了137家总部企业，其中包括17家全球500强企业。国家金融中心功能特征显著，聚集了包括"一行三会"在内的众多国家金融管理机构和全国性金融机构，金融业实现增加值2 298.6亿元，占金融街的81.3%，占北京市金融业的58.5%。②

上海市作为国际经济中心、国际金融中心、国际航运中心以及国际贸易中心，具有其独特的优势，以陆家嘴为中心集聚了许多国

① 赖阳，黄爱光，北京市商务委员会. 北京总部经济发展报告（2017）[M]. 北京：中国商务出版社，2018：8.
② 赖阳，黄爱光，北京市商务委员会. 北京总部经济发展报告（2017）[M]. 北京：中国商务出版社，2018：9.

内外金融要素，世界著名银行、金融机构更是集聚于此，其在世界范围内的影响力日益增强。

1.4 本章小结

RHQ 最早起源于欧洲大陆，由美国跨国公司创新组织结构而形成，之后经过欧洲、亚太地区，最后到达中国。目前，集聚中国的主体除去 RHQ 之外，还包括各类功能性机构，如研发中心、结算中心、营销中心、贸易中心等。

中国集聚 RHQ、发展总部经济，真正起步于 20 世纪 90 年代；发展至今，经过了探索和发展时期，开始步入扩张时期。在不同时期，在不同历史背景的作用下，集聚呈现出了不同特征。在探索时期，集聚区位相对集中，主要集聚于北京市和上海市。在发展时期，中国不仅催生了一系列总部经济相关事物，而且研发中心紧随 RHQ 的集聚步伐。进入扩张时期，总部经济已经深入人心，全国都在发展总部经济。

集聚于中国的 RHQ 以及各类功能性机构，在来源地、经营类别、总部性质等方面呈现出不同的结构特征。来源地以北美洲、欧洲、日本以及亚洲其他国家或地区四足鼎立。经营类别结构则与 RHQ 集聚区位有关，且逐渐显现出明显的地域特征，比如北京市以信息产业为主，上海市以制造业、金融业和商业等产业为主，广东省以制造业、互联网、金融类等产业为主，江苏省则以高新技术、制造业等产业为主。总部性质则分别以 RHQ、中国国内大型企业总部、高新技术企业总部以及各类金融机构总部为主。

第 2 章　集聚区位

RHQ 在中国的空间集聚主要包括北京市、上海市、广东省、江苏省等，进而分别集聚于各省市不同的区位。为此，本章将重点分析集聚 RHQ 较多的区位特征。

2.1　北京市集聚区位

北京市作为中国的首都，是全国政治中心、文化中心、国际交往中心、科技创新中心。北京市的优势是其他省市无法相比的。RHQ在北京市的集聚特征明显，主要集聚于 CBD、中关村科技园区海淀园（以下简称海淀园）、金融街等，并对 RHQ 实施认定管理。其中，CBD 被定位为 RHQ 和国际金融机构集聚地，海淀园主要集聚信息技术产业 RHQ 及研发中心，金融街则是金融总部集聚区等。

2.1.1 朝阳区

朝阳区以CBD为核心集聚RHQ。CBD是北京市六大高端产业功能区之一，与海淀园、金融街等形成空间呼应、功能互补、协同发展的格局。

（1）CBD的发展阶段

①自发成长阶段（1993—1999年）。1993年，国务院批复的《北京城市总体规划（1991—2010年）》明确提出建设北京市CBD的要求。此时的CBD处于一种自发成长状态，商务办公设施达到一定规模，初具商务中心区雏形。

②规划建设阶段（2000—2009年）。1999年，《北京市区中心地区控制性详细规划》确定了CBD的规划范围，2000年启动建设。北京市政府推动全面建设，规划引导发展，区域建设与产业促进、品牌培育并重。CBD的国际形象和区域功能日渐凸显，功能完善的国际化现代CBD加快形成。

③拓展、规范、提升阶段（2010年至今）。2009年，CBD东扩方案获得批准。CBD的四至范围为：西起东大桥路、东至东四环路、南临通惠河、北接朝阳北路。CBD最突出的特征是国际化。区域内国际化资源聚焦，集中了北京市约90%以上的国际传媒机构（169家），约80%的国际组织、国际商会（110家），约80%的RHQ（50家），约70%的世界500强企业（160家），约70%的国际金融机构（252家），约30%的五星级酒店（17家）。国际交流频繁，多元文化交融，区内登记外籍人口近4.4万人，约占北京市的50%。北京市约50%以上的国际性会议、90%的国际商务展览在CBD举办。①

（2）入驻CBD的RHQ和功能性机构的特征

入驻CBD的RHQ和功能性机构数量多、层次高、类型齐全。这些特征可以由集聚于CBD的各类国际金融机构、制造业RHQ以及现代服务业 RHQ 的集聚特征表现出来。

①各类国际金融机构的集聚特征。CBD 是北京市国际金融机构集聚度最高、外资金融机构最齐全的区域之一。早在"十二五"期间,朝阳区就强调在 CBD 建成国际金融机构聚集的国际金融城,构建以国际金融为特色的多元化金融业发展格局。其中,CBD 中心区、核心区、东扩区分别被打造成"国际金融机构集聚区""金融控股集团集聚区""新型金融机构集聚区",位于机场第二通道附近的金盏地区则建成专门为金融机构服务的"后台服务机构集聚区"。三大金融集聚区分别以国贸中心、环球中心和华贸中心为代表。以国贸中心为例,一期、二期入驻率高达 98%,美国银行、法国再保险公司等 60 余家国际金融机构以及世界银行、国际货币基金组织等国际组织均在此办公。[①]2017年,朝阳区外资金融机构已达 322 家,占北京市总量的七成。

②制造业 RHQ 的集聚特征。北京市《关于鼓励跨国公司在京设立地区总部的若干规定实施办法》(京政发〔2009〕15 号)规定,符合下列条件之一,可申请认定为 RHQ:经批准设立的外商投资性公司;具备以下条件的外商投资管理性公司,即母公司的资产总额不低于 4 亿美元、母公司在中国累计实缴注册资本总额不低于 1 000 万美元,且在中国境内外投资或者授权管理的企业不少于 3 个,或者在中国境内外投资或者授权管理的企业不少于 6 个;管理性公司注册资本不低于 200 万美元;是母公司在中国境内唯一的最高经营管理机构;对国际知名跨国公司,可适当放宽条件。依据上述规定,入驻 CBD 的 RHQ 约占北京市总量的 70%。截至 2018 年 1 月,入驻 CBD 的 RHQ 已经达到 116 家,涵盖营销中心、研发中心、结算中心、战略控制中心等,其中研发中心包括苹果研发中心、特斯拉新能源研发中心、默沙东研发中心、戴姆勒创新中心、霍尼韦尔研发中心等一大批世界知名跨国公司所属研发创新机构。[②]

③现代服务业 RHQ 的集聚特征。CBD 内集聚大量的文化产业、

---

① 华锴,陈婧. 朝阳五年建成 CBD 国际金融城〔N〕. 北京日报,2011-03-02.
② 查甜甜. 北京朝阳区跨国公司地区总部数量占全市七成〔EB/OL〕.〔2019-03-18〕.
http://news.sina.com.cn/o/2018-01-30/doc-ifyqyesy4354561.shtml.

传媒巨头，这也是朝阳区 CBD 区别于北京市其他商务区的显著特点。CBD 集聚了 WPP 集团、电通广告等全球知名传媒集团；集聚了《华尔街日报》、美国之音广播电台（VOA）、美国有线电视新闻网（CNN）、英国广播公司（BBC）等 169 家国际传媒机构，占北京市的 90% 以上。围绕上述传媒巨头又集聚了各类传媒企业，达 1 800 多家，[1]进而形成产业集聚。

（3）RHQ 得到的支持力度大

"强化总部经济聚集优势"是朝阳区"十二五"规划期间的重点任务之一。为此，朝阳区设立了"朝阳区总部及服务业发展引导资金"，定期对外公布。2017 年，朝阳区针对 27 家国内外企业总部进行不同程度的奖励，其中有 18 家 RHQ（见表 2-1）。它们分别获得：

①突出贡献奖励。对上一年度区级收入排名前 20 的总部企业，给予每家 100 万元资金扶持，包括梅赛德斯-奔驰（中国）汽车销售有限公司等 8 家 RHQ。

②经营成长奖励。对上一年度区级收入增幅排名前 10 的总部企业，给予每家 50 万元资金扶持，包括索尼移动通信产品（中国）有限公司等 3 家 RHQ。

③跨国公司认定奖励。对 2016 年 1 月 1 日之后经北京市商务委员会认定的 RHQ 企业，给予每家 100 万元资金扶持，包括泰雷兹（中国）企业管理有限公司等 7 家 RHQ。

除此之外，重点扶持的生产服务业企业亦得到大力支持。

2.1.2 海淀区

海淀区以海淀园为核心集聚高新技术 RHQ。海淀园位于北京市海淀区，是中关村科技园区的核心园区，起源于 20 世纪 80 年代初的"中关村电子一条街"。1988 年 5 月，海淀园经国务院批准建立，成为中国第一个国家级高新技术产业开发区。2009 年 3 月，国务院批复建

---

① 潘素昆. 北京总部经济发展与提升利用外资水平研究［M］. 北京：经济科学出版社，2017.

表2-1　　朝阳区总部拟支持项目公示信息表（2017年）

序号	支持方向及内容	企业名称
1	突出贡献奖励：对上一年度区级收入排名前20的总部企业，给予每家100万元资金扶持	梅赛德斯-奔驰（中国）汽车销售有限公司
2		宝马（中国）汽车贸易有限公司
3		三星（中国）投资有限公司
4		中国石油化工集团公司*
5		壳牌（中国）有限公司
6		中信信托有限责任公司*
7		丰田汽车（中国）投资有限公司
8		中国中信有限公司*
9		西门子（中国）有限公司
10		北京国际信托有限公司*
11		卡特彼勒（中国）投资有限公司
12		中国石化销售有限公司北京石油分公司*
13		华彬投资（中国）有限公司
14	经营成长奖励：对上一年度区级收入增幅排名前10的总部企业，给予每家50万元资金扶持	中信国际商贸有限公司*
15		索尼移动通信产品（中国）有限公司
16		英皇钟表珠宝（北京）有限公司
17		中国航空集团公司*
18		北京国华电力有限责任公司*
19		欧姆龙（中国）有限公司
20		北京京东方多媒体科技有限公司*
21	跨国公司认定奖励：对2016年1月1日之后经北京市商务委员会认定的RHQ企业，给予每家100万元资金扶持	泰雷兹（中国）企业管理有限公司
22		乐华梅兰咨询顾问（北京）有限公司
23		费森尤斯卡比（中国）投资有限公司
24		拓速乐汽车销售（北京）有限公司
25		中国惠普有限公司
26		第一视频（中国）投资有限公司
27		苹果研发（北京）有限公司

注：*标记的为中国企业。

资料来源　北京市朝阳区总部企业联合会. 关于对2017年朝阳区总部及服务业发展引导资金拟支持项目予以公示［EB/OL］.（2018-03-22）［2019-03-18］. http://www.cbd-hef.org/html/hefnews/notice/2018/04/18/4819.html.

设中关村国家自主创新示范区，要求把中关村建设成为具有全球影响力的科技创新中心；同年4月，北京市批复海淀区加快建设中关村国家自主创新示范区核心区。

海淀园内拥有以北京大学、清华大学为代表的国内高等院校68所，以中国科学院、中国工程院为代表的科研院所213家，拥有的国家重点实验室、国家工程研究中心、国家工程技术研究中心、国家级企业技术中心数量占全国的1/4，为海淀园区的发展奠定了坚实的科技力量。

海淀园作为中关村国家自主创新示范区核心区和全国科技创新中心核心区，紧紧围绕建设具有全球影响力的科技创新中心的总目标，着力深化改革，推动先行先试；着力强化协同创新，增强自主创新能力；着力推动瘦身分体，打造高精尖经济结构。海淀园拥有以联想、百度等为代表的国家高新技术企业约8 980家，同比增长约18.5%；独角兽企业数量达37家，占全国的1/4，总估值近1 500亿美元。海淀园规模以上高新技术企业中，符合新经济特征的企业占比高达73%，新经济企业总收入占到园区纳统企业总收入的76%，远高于全国平均水平（33%）。2017年，海淀园总收入超过2万亿元，同比增长10%以上。①

2017年11月，科技部火炬中心与长城战略咨询联合发布的《国家高新区瞪羚企业发展报告2017》显示，在全国2 000余家成长速度快、创新能力强、专业领域新、发展潜力大的"瞪羚企业"中，中关村企业数量占总数的1/4以上，位居全国第一。与此同时，来自英国的商业资源公司，即专家市场（Expert Market）网站也公布了年度世界顶级科技中心城市排行榜，北京市一举超过2016年榜单冠军柏林市，成为排名第一的科技创新城市。②

海淀园于1991年正式加入世界科技园区协会（IASP），成为中国最早加入世界科技园区协会组织的高新区，并广泛开展国际交流活

---

① 佚名. 核心区经济发展状况［EB/OL］.（2018-10-21）［2019-03-18］. http://zyk.bjhd.gov.cn/kjhd/kjhd/mlhxq/201810/t20181021_3912824.shtml.
② 孙奇茹. 北京获评年度世界最佳科技城市［N］. 北京日报，2017-11-16.

动。园内有微软、思科、甲骨文等约50家世界500强企业，是全国跨国公司入驻最密集的区域之一。

2.1.3 西城区

西城区以金融街为核心集聚金融类RHQ。金融街是北京市第一个大规模整体定向开发的金融产业功能区。1992年开始建设以来，金融街得到国家和北京市的大力支持。1993年10月，国务院批复的《北京城市总体规划（1991—2010年）》明确提出："在西二环阜成门至复兴门一带，建设国家级金融管理中心，集中安排国家级银行总行和非银行金融机构总部。"2005年，国务院批复的《北京城市总体规划（2004—2020年）》再一次明确金融街是国家金融管理中心。2008年，北京市发改委公布《中共北京市委北京市人民政府关于促进首都金融业发展的意见》，明确提出以金融街为北京市金融业主中心区，以CBD为副中心区，即进一步确定了金融街在首都金融业中的核心地位，提出要将金融街建成首都金融中心。经过二十几年的发展，金融街已经建设发展成为资金密集、资讯发达、环境优美的国家级金融决策监管中心、资产管理中心、金融支付结算中心、金融信息中心，吸引了大量的国内外企业或机构集聚于此。

金融街以商会形式将集聚于此的企业凝聚起来。金融街商会成立于2003年，是国内金融业界最有影响力的社会组织之一。截至2017年9月，金融街商会有225家会员单位，其中理事会员单位150家、普通会员单位75家。这些会员单位分别来自于银行、证券、保险、企业集团等行业内有影响力的金融机构。[①]会员单位中有总部170余家、世界500强企业31家、外资金融机构21家、分支机构36家。金融街商会定期组织各类系列活动。[②]

---

① 金融街控股. 中拉基金等5家机构加入北京金融街商会［EB/OL］.［2019-03-18］. http://www.jrjkg.com.cn/news.do?id=1010945156-40048&type=8844093142356391.
② 金融街控股. 品牌优势［EB/OL］.［2019-03-18］. http://www.jrjkg.com.cn/type.do?tid=147744941438013&sid=1668682312030126.

2.1.4 其他区县

除朝阳区 CBD、海淀区海淀园、西城区金融街之外，北京市还有（望京）电子城科技园、亦庄经济开发区、临空经济区等集聚 RHQ 的区域。其中，（望京）电子城科技园作为中关村科技园区的重要组成部分，入驻了一批世界著名跨国公司，如美国摩托罗拉（Motorola）、瑞士 ABB（Asea Brown Boveri）、美国强生（Johnson & Johnson）、德国西门子（Siemens）、瑞典爱立信（Ericsson）、韩国三星（Samsung）等公司都在此地设立了 RHQ、研发中心、生产基地等。①

2.2 上海市集聚区位

上海市地处太平洋西岸、亚洲大陆东沿、长江三角洲前缘，是中国改革开放排头兵、创新发展先行者，肩负着面向世界、推动长三角地区一体化和长江经济带发展的重任。上海市是中国吸引 RHQ 最多的城市，对 RHQ 实施认定管理。截至 2019 年 1 月底，上海市集聚 RHQ 共计 674 家，其中亚太区总部 90 家、投资性公司 141 家、研发中心 443 家；②集聚区位主要包括浦东新区、静安区、虹口区、黄浦区等。

2.2.1 浦东新区

浦东新区位于上海市黄浦江东岸，地处中国沿海开放带的中心和长江入海口的交汇处，倚靠蓬勃发展的长三角都市群，面向浩瀚无垠

---

① 潘素昆. 北京总部经济发展与提升利用外资水平研究［M］. 北京：经济科学出版社，2017：74.
② 上海市徐汇区人民政府. 市委书记为何对营商环境念兹在兹？看看上海这个"开门红"［EB/OL］.［2019-04-04］. http://www.xuhui.gov.cn/H/news/tabloid/2019-02-28/Detail_152257.htm.

的太平洋。[①]

（1）浦东新区在区域建设方面的成果

浦东新区是中国改革开放的前沿地带，20多年以来，相继建成：

①中国（上海）自由贸易试验区，包括外高桥保税区、外高桥保税物流园区、洋山保税港区、浦东国际机场综合保税区4个海关特殊监管区域（28.78平方千米），以及陆家嘴金融片区（34.26平方千米）、金桥开发片区（20.48平方千米）、张江高科技片区（37.2平方千米）3个功能片区。

②5个功能开发区域：川沙经济园区、康桥工业区、世博区域、临港产业区、上海国际旅游度假区。[②]

（2）浦东新区入驻RHQ的特征

随着浦东新区功能的不断扩展，入驻RHQ的特征越来越明显。

①规模数量居全市乃至全国之首。

浦东新区是上海市乃至全国入驻RHQ最多的地区。截至2016年年末，浦东新区历年累计获认定的RHQ达到265家，占全市（共572家）的46.33%；历年累计投资总额超过200万美元的研发中心达到214家（其中张江研发中心141家）。2016年，浦东新区新获认定的RHQ共19家，占全市（45家）的42.22%；新认定的亚太区总部共7家；新批总投资超过200万美元的研发中心共6家（见表2-2）。[③]截至2018年年末，上海市浦东新区已集聚各类总部企业超过600家，其中RHQ共计304家，约占上海市总量的50%。[④]浦东新区RHQ的认定数量是全国所有地区和城市之中最多的。

---

① 上海市浦东新区人民政府. 浦东概况 [EB/OL]. [2019-03-18]. http://www.pudong.gov.cn/shpd/about/20161208/008001001_1ce12a09-10aa-4939-b141-d943b1784eb7.htm.

② 上海浦东史志办公室. 浦东年鉴（2017）[EB/OL]. [2019-03-18]. http://www.pudong.gov.cn/shpd/about/20180319/008006031004_36a61835-b7f4-4202-ae2f-f3b08120926d.htm.

③ 上海浦东史志办公室. 浦东年鉴（2017）[EB/OL]. [2019-03-18]. http://www.pudong.gov.cn/shpd/about/20180319/008006031005_ec21c29e-adaa-4a19-ae8a-3a567e828ef8.htm.（注：依据中央一台报道，截至2018年9月17日，浦东新区研发中心达230家）

④ 上海市浦东新区人民政府. 浦东吸引各类总部企业落户超600家 [EB/OL]. (2019-02-21) [2019-04-22]. http://www.pudong.gov.cn/shpd/about/20190221/008002001001_807d4878-9f38-43dd-ac55-f84f85272882.htm.

表 2-2   浦东新区 RHQ 入驻数量及占比

类　型	2016年年末累计			2016年新增		
	数量		占比	数量		占比
	浦东新区	全市	（%）	浦东新区	全市	（%）
RHQ	265	572	46.33	19	45	42.22
研发中心（200万美元以上）	214	—	—	6	—	—

资料来源　根据《浦东年鉴（2017）》相关数据整理。

浦东新区是各类金融机构，特别是外资金融机构入驻最多的地区，明显高于北京市CBD以及金融街的相关数量。2016年年末，中外资各类金融机构共963家，比上年年末增加63家；银行类机构有262家，比上年年末增加4家，其中中资银行54家、外资法人银行18家（大约占全国的一半）、外资银行分支行55家、外资银行代表处65家、银行营运中心及业务分部28家、非银行机构41家、开发性金融机构1家；证券类机构有430家，比上年年末增加45家，其中中资证券公司（含中介机构）103家、外资证券公司（含代表处）55家、基金公司102家、期货公司136家、非证券金融机构34家；保险类机构有271家，比上年年末增加14家，其中中资保险公司94家、外资保险代表处32家、保险中介机构117家（见表2-3）。2018年6月，国泰世华银行（中国）有限公司获得了银保监会的开业批复，并将于2019年9月初在沪开业，在沪外资法人银行将增至21家。[①]

在外资法人银行中，恒生（中国）有限公司（以下简称恒生中国）、星展银行（中国）有限公司（以下简称星展中国）、三菱东京日联银行（中国）有限公司、富邦华一银行等表现突出。

恒生中国成立于2007年5月，是中国香港恒生银行在内地的全资附属公司。母公司恒生银行创于1933年，是中国香港最大的上市公司之一，截至2016年年末市值为2 759亿元港币。2016年，恒生中

---

① 桑彤，殷鑫豪．"上海扩大开放100条"逐渐落地　外资信息增强［EB/OL］．［2019-03-18］．http://www.gov.cn:8080/xinwen/2018-07/20/content_5307911.htm.

表2-3　　　　　　　　2016年上海市浦东新区金融机构情况

金融机构	12月末	比上月末增减数	比上年末增减数
合　计	533	3	18
其中：法人机构	192	2	14
一、银行类机构	262	2	4
其中：法人机构	64	2	4
中资银行	54	0	1
外资银行法人行	18	0	0
外资银行分支行	55	0	0
外资银行代表处	65	0	0
非银行金融机构	41	2	3
营运中心及业务分部	28	0	0
二、证券类机构	430	7	45
其中：法人机构	144	0	5
中资证券	103	4	18
合资证券	7	0	1
外资证券代表处	48	1	−2
基金公司	86	0	2
基金第三方销售公司	16	0	4
期货公司	136	2	21
证券咨询机构	9	0	0
非证券金融机构	25	0	1
三、保险机构	271	1	14
其中：法人机构	128	0	10
交易所	1	0	1
集　团	1	0	0

金融机构	12月末	比上月末增减数	比上年末增减数
人寿保险	19	0	0
人寿保险分公司	31	0	3
财产保险	16	0	0
财产保险分公司	22	1	2
再保险	5	0	0
资产管理	5	0	0
养老投资	3	0	0
保险经纪	47	0	2
保险公估	28	0	0
保险代理	42	0	5
代表处	32	0	0
其 他	19	0	1

资料来源　上海市浦东新区金融服务局. 金融业［EB/OL］.（2018-03-19）［2019-04-22］. http://www.pudong.gov.cn/shpd/about/20180319/008006031006_55ba3ce4-ac61-4011-bed8-b4e9c34fefb2.htm.

国以长三角、珠三角和环渤海区域为业务拓展重点，继续推进跨境策略，为客户提供更多合适的产品和服务，并获得多个奖项和荣誉。比如在中国银行业协会主办的"第六届中国贸易金融年会"中，恒生中国获得"最佳贸易金融产品创新银行"奖项等。

星展中国是亚洲领先的金融机构星展银行的子公司，前身是新加坡发展银行，于1993年在北京市设立驻华办事处；1995年，在上海市设立在华第一家分行；1998年成为首批10家外资银行之一，获得人民币执照；2007年5月成为在中国内地注册的第一家新加坡银行。星展中国分支行网络和业务高速发展，截至2016年年末，在北京市、上海市、广州市、天津市、深圳市、苏州市等共设立12家分行和24

家支行，员工数达 2 300 多人。2010 年 2 月 3 日，位于上海市浦东新区陆家嘴金融中心的星展银行大厦正式启用，新的总部大厦成为星展中国网络进一步延伸的基点。星展中国的业务重点为企业银行、环球交易服务，以及财资市场、中小企业银行、高端个人银行服务。星展中国亦获得多个奖项和荣誉，如"2016 年最佳贸易融资银行（外资）"等。另外，星展银行是参与中新第三个政府间合作项目的首批新加坡企业之一。

三菱东京日联银行（中国）有限公司是日本三菱东京日联银行全额出资在中国成立的法人银行，注册资本为 100 亿元。截至 2016 年年末，其共有 13 家分行、7 家支行，员工约有 2 500 余人。公司着力于人民币国际化业务、债券业务、资本市场业务、银团业务、扩大业务覆盖面、强化内部管理等方面。

富邦华一银行是在中国大陆第一家全牌照运营的中国台湾银行。2016 年 10 月，富邦华一受让浦东发展银行所持富邦华一银行 20% 的股权，正式成为富邦金控旗下 100% 的全资子公司。其主要从事法人金融、个人金融、资管与投行等方面的业务。①

②重点区域集聚功能显著。

一直以来，浦东新区依托区内功能各异、特色鲜明的国家级开发区，以及一系列具有功能性、重量级的大项目，不断推进浦东新区城市功能的转型和升级，积极推动上海市"四个中心"的建设。②在浦东新区，RHQ 及其在浦东新区的子公司合计年营业收入超过 9 500 亿元，纳税额超过 600 亿元，对浦东新区的销售额、税收、进出口贸易额的贡献超过所有外资企业总量的 30%。而这一切都源自于陆家嘴、金桥、张江、保税区等一些重点区域集聚功能的显现，都有不同数量的 RHQ 和研发中心入驻。随着上海自贸试验区的建设与发展，还会陆续集聚更多的 RHQ 和研发中心。

① 上海浦东史志办公室. 浦东年鉴（2017）[EB/OL]. [2019-03-18]. http://www.pudong.gov.cn/shpd/about/20180319/008006031006_55ba3ce4-ac61-4011-bed8-b4e9c34fefb2.htm.
② 上海市浦东新区人民政府. 重点区域 [EB/OL]. [2019-03-18]. http://www.pudong.gov.cn/shpd/about/20161208/008001003_925cf180-d7d5-407f-b3b5-8eed7f979312.htm.

陆家嘴金融贸易区是全国唯一一个以"金融贸易"命名的国家级开发区，主要集聚国内外金融机构和金融要素。截至2018年9月，仅集聚于陆家嘴的外资法人银行就达到21家，居全国之首。截至2017年年末，已经有美国、英国、法国、加拿大、德国、意大利、日本、韩国、新加坡和中国香港等国家和地区的31家知名资产管理机构在陆家嘴金融城设立了33家独资资产管理公司。①另外，浦东新区的要素市场集聚程度也是其他地区所不可比拟的，有10余家国家级和市级要素市场集聚于此，包括上海证券交易所、上海期货交易所、上海联合产权交易所、上海浦东产权经纪有限公司、上海市房地产交易中心、上海钻石交易所等。②

2.2.2　静安区

静安区因区内的古刹静安寺而得名。目前的静安区是新静安区，2015年，经国务院批复，将闸北区、原静安区"撤二建一"成立。静安区地处上海市中心，历史悠久、商业发达，是上海市对外交流的重要窗口。

静安区的集聚特征是继续打造总部经济新高地。"十二五"期间，静安区总部经济发展进入快速增长期：

①总部数量快速增长，贡献逐年提高。2011—2016年，静安区新引进RHQ年均5~6家，RHQ数量已经达到58家，其中投资性地区总部26家、管理性地区总部32家。总部税收规模占全区涉外税收总量比重超过50%，并呈现继续上升态势（见表2-4）。

②总部产业带动效应逐步显现。总部企业的落户带动了集团内部关联企业集聚和上下游关联企业集中，有效加快了区域内产业能级提升和产业结构调整。③

---

① 朱贝尔. 过去一年陆家嘴金融城发生的十件大事［EB/OL］.（2018-02-04）［2019-05-05］. http://city.eastday.com/gk/20180204/u1ai11198340.html.
② 上海浦东史志办公室. 浦东年鉴（2017）［EB/OL］.［2019-03-18］. http://www.pudong.gov.cn/shpd/about/20180319/008006031007_f62230fb-9301-4a0f-a5ab-08811e5398f4.htm.
③ 《静安区涉外经济"十三五"发展规划》.

表 2-4　　　静安区 RHQ 集聚情况（2011—2016 年）

RHQ 功能性类别	数量	年均增长数量	税收占比
投资性 RHQ	26		
管理性 RHQ	32	5~6	高于 50%
小计	58		

资料来源　根据《静安区涉外经济"十三五"发展规划》整理。

2.2.3　虹口区

虹口区位于上海市中心城区东北部，东与杨浦区相邻，西与静安区毗连，南濒黄浦江、吴淞江（吴淞江上海段俗称苏州河），与浦东新区和黄浦区隔江相望，北与宝山区相接。

虹口区正在以北外滩为核心建立航运服务总部集聚区。北外滩位于吴淞江和黄浦江交汇处，既与外滩相连，又与陆家嘴贸易区相望。这里是上海市航运业的发源地，在历史上就集聚了很多船运企业，古老的外白渡桥、浦江饭店，以及具有传奇色彩的上海大厦和提篮桥监狱都坐落于此。从 1998 年"东大名路航运建设一条街"设立至 2013 年 9 月上海自贸试验区正式成立，北外滩航运服务业先后经历了两轮大发展；上海市自贸试验区建立之后，北外滩迎来第三轮大发展，目前已经发展成为中国大陆航运服务企业最为集中、航运要素最为集聚的区域之一，也是中国第一个"航运服务总部基地"，获批"中国邮轮游发展实验区"，是上海港国际客运中心所在地、国内邮轮停靠母港之一。截至 2018 年 7 月，北外滩已经集聚了 35 家航运功能性机构、4 000 多家航运企业。①目前，北外滩不仅集聚了中海集团、中远集运、上海港务集团总部，而且地中海航运、赫伯罗特、吉与宝、

---

① ［1］龙钢，耿小彦. 专家为北外滩航运服务总部建设"把脉"［EB/OL］.［2019-03-18］. http://www.shhk.gov.cn/shhk/xwzx/20131025/002003_6faddcc4-e47e-43cd-b073-4da271f5764c.htm.［2］佚名. 四川北路升级、北外滩发展、虹口足球场改造……虹口人的未来好赞！［EB/OL］.［2019-03-18］. https://hot.online.sh.cn/content/2018-07/07/content_8960063_10.htm.

优特埃、皇家加勒比游轮等著名外资航运类企业的中国区总部陆续落户虹口区。①中国香港建设（中国）管理有限公司于2011年被上海市认定为RHQ，成为虹口区第1家被认定的RHQ；2014年新加坡太平船务（私人）有限公司成为虹口区第3家被认定的RHQ。②2017年又新增2家RHQ，全区共有总部企业73家，共实现三级税收48.62亿元，同比增长12.2%。③

2.2.4　黄浦区

黄浦区地处黄浦江和吴淞江合流处的西南端，是海派文化的发源地、民族工业的发祥地、中国共产党的诞生地，也是上海市经济、行政和文化中心所在地，在全市发展大局中具有重要地位。

黄浦区内拥有外滩、外滩源、南京路、人民广场、淮海中路、新天地、文化广场、思南路、8号桥、豫园、老码头、田子坊、世博滨江等多个城市名片。黄浦区内服务经济、楼宇经济、涉外经济特征明显，分别占区域经济的95.6%、56.6%和40.7%。④

黄浦区凝心聚力集聚高端产业RHQ。2016年12月至2018年8月，黄浦区新增经上海市认定的RHQ共12家（见表2-5）。⑤

---

① 沈春琛. 税收同比增长，"亿元楼"达19栋　总部经济楼宇经济渐显"蝴蝶效应"[EB/OL]. （2014-12-23）[2019-03-18]. http://www.shhk.gov.cn/shhk/xwzx/20141223/002003_a1efc5c5-1059-4788-806c-c436b173b3f9.htm.
② [1] 上海虹口门户网站. 虹口区于"十二五"伊始再添一家跨国公司地区性总部 [EB/OL]. [2019-03-18]. http://www.shhk.gov.cn/shhk/xwzx/20110504/002005_080ee20a-42be-4b65-8e23-8805c859fe84.htm. [2] 上海虹口门户网站. 新加坡太平船务公司地区总部落户本区 [EB/OL]. [2019-03-18]. http://www.shhk.gov.cn/shhk/xwzx/20141013/002003_ab96ddf9-0e39-44b2-91fc-5efb4019c495.htm.
③ 周楠. 虹口区出台《加快发展总部经济的实施意见》[EB/OL]. [2019-03-18]. http://www.shhk.gov.cn/shhk/xwzx/20180502/002003_77b7974e-3ce5-4747-871b-dc0a29d7a0f4.htm.
④ 上海市黄浦区人民政府. 黄浦概况 [EB/OL]. [2019-03-18]. http://www.shhuangpu.gov.cn/qq/004001/004001001/subpageSingle.html.
⑤ [1] 上海市黄浦区商务委员会. 黄浦区新增4家企业获颁跨国公司地区总部证书　新增数量位列全市第二 [EB/OL]. [2019-03-18]. https://www.shhuangpu.gov.cn/xw/001003/20161221/80f5a73e-cf9e-48a7-aabd-5e83e72ec221.html. [2] 上海市黄浦区人民政府. 黄浦区新增2家跨国公司地区总部 [EB/OL]. [2019-03-18]. http://www.shhuangpu.gov.cn/yqyw/010001/010001002/010001002001/010001002001001/20171102/021375bc-e13c-4458-8b97-90a695a3ffc3.html. [3] 上海市黄浦区人民政府. "利满美"被认定为"地区总部"[EB/OL]. [2019-03-18]. http://www.shhuangpu.gov.cn/xw/001001/20180828/8f2ef26c-cb3c-465a-8f25-da8f3c31d90f.html. [4] 上海市黄浦区人民政府. 5家驻区"外资"获"地区总部"[EB/OL]. [2019-03-18]. http://www.shhuangpu.gov.cn/xw/001001/20180503/42983cc0-b5e7-4873-93ad-c47a8972a3d8.html.

表2-5　黄浦区集聚RHQ情况（2016年12月至2018年8月）

序号	公司名称	认定时间	来源地
1	尼康映像仪器销售（中国）有限公司	2016年12月（第26批）	日本
2	佐敦（上海）投资管理有限公司		中国台湾
3	凯德（中国）企业管理有限公司		新加坡
4	瑞安管理（上海）有限公司		中国香港
5	上海领先餐饮管理有限公司	2017年9月	中国香港
6	快乐蜂（中国）餐饮管理有限公司		菲律宾
7	蕾碧裳品牌管理（上海）有限公司	2018年4月（第28批）	美国
8	恩梯梯通信系统（中国）有限公司		日本
9	当纳利（中国）投资有限公司		美国
10	劳氏船级社（中国）有限公司		英国
11	储贤（上海）投资有限公司		中国香港
12	利满美餐饮（上海）有限公司	2018年8月	中国香港

　　黄浦区作为涉外经济大区，集聚了具有国际、国内资源配置能力的企业。截至2018年4月，黄浦区共有12家市级贸易型总部企业，如来自法国的酒类贸易商保乐力加（中国）贸易有限公司。外商投资黄浦区的热情较高，但是市级贸易型总部企业标准较高，为助力那些暂时达不到这一标准的优秀企业发展，黄浦区在上海市率先设立区级贸易型总部，并给予开办资助、租金补贴等一次性补贴，对其国内外市场拓展、优秀人才引入以及出入境便利等促进措施试点方面给予优先支持，鼓励其做大做强，为市级贸易型总部企业建立蓄水池。2018年4月，黄浦区为5家企业颁证，它们是海恩斯莫里斯（上海）有限公司、丝芙兰（上海）化妆品销售有限公司、东芝开利空调销售（上海）有限公司、彪马（上海）商贸有限公司、神钢商贸（上海）有限

公司。①

2.2.5　其他区县

上海市中心区内的徐汇区、长宁区等都出现不同程度的RHQ集聚。

（1）徐汇区加快集聚RHQ和功能性机构

徐汇区是上海市副中心，其周边地区集聚了上海交通大学等名校、图书馆、科研机构、历史建筑等大量文化、历史资源，具有天然不可复制的地理优势；其商业中心在上海市、全国乃至国外都具有较强的影响力；其交通在上海市交通网络中的枢纽地位显著。

徐汇区的优势环境为其集聚RHQ奠定了基础。截至2018年年底，RHQ集聚数量达到82家②；截至2019年2月，全区外资研发中心达到20家，主要分布于新材料、汽车系统、电子信息、生物医药等高科技及新兴领域③。位于徐汇区的漕河泾开发区是全国首批国家级经济开发区之一，区域内聚集了3 600余家中外高科技企业和研发服务机构；虹梅街道区域面积为5.98平方千米，涵盖了漕河泾开发区位于徐汇区的全部区域。截至2018年年底，虹梅街道承载了10家外资研发中心、28家RHQ、287家市高新技术企业和25家众创空间。④

（2）长宁区规划大力发展总部经济

长宁区处于沪宁发展轴和沪杭发展轴汇合的Y形支点，是上海市连接长江三角洲的"桥头堡"。虹桥国际机场坐落于长宁区西南角，是中国重要的航空港之一。长宁区已经建成由高架、地铁、内外环线、市内交通组成的立体交通网络；高速公路直通沪宁、沪杭，成为人流、物流、信息流、资金流的重要汇聚地。

---

①　唐烨. 鼓励外资企业做大做强，黄浦"放大招"率先授牌首批区级贸易型总部［EB/OL］.［2019-03-18］. http://www.shhuangpu.gov.cn/xw/001009/20180419/f429dbf8-678a-4f50-8ab9-424485a23671.html.

②　上海市徐汇区人民政府. 区商务委积极贯彻"六稳"要求持续完善企业服务机制［EB/OL］.［2019-04-04］. http://www.xuhui.gov.cn/H/news/latestnews/2018-12-13/Detail_150913.htm.

③　上海市徐汇区人民政府. 区商务委加大政策扶持力度打造外资研发中心集聚高地［EB/OL］.［2019-04-04］. http://www.xuhui.gov.cn/H/news/latestnews/2019-02-22/Detail_152133.htm.

④　上海市徐汇区人民政府. 徐汇多管齐下服务漕河泾开发区［EB/OL］.［2019-04-04］. http://www.xuhui.gov.cn/H/news/tabloid/2019-03-15/Detail_152501.htm.

长宁区内的虹桥开发区是上海市最早、最成熟的现代化商务区之一，外国领事馆、世界500强企业聚集林立，是外籍人士聚居之地。①截至2018年年底，长宁区集聚经认定的总部企业共有50家。②

2.3 广东省集聚区位

广东省作为中国改革开放前沿，也是吸引RHQ、发展总部经济的大省。其中，主要集中地包括广州市、深圳市，但是其他地级市如珠海市、汕头市、佛山市等也都利用自身优势，吸引不同级别的RHQ和研发中心等。

2.3.1 广州市

广州市是广东省省会，是广东省政治、经济、科技、教育和文化中心。广州市地处中国南方、广东省的中南部、珠江三角洲的北缘，接近珠江流域下游入海口，隔海与中国香港、中国澳门特别行政区相望。广州市未来的定位是国家中心城市、国际商贸中心、枢纽型网络城市和国家历史文化名城。截至2018年年底，301家世界500强企业在广州市投资或设立机构，其中至少120家把总部或RHQ设在广州市。③

（1）RHQ集聚区向总部经济集聚带转变

天河区珠江新城是广州市世界500强企业最密集的区域，聚集了全市70%的金融机构和90%的外资银行总资产，普华永道、渣打银行、三菱东京日联银行、瑞穗银行、摩根大通银行等世界500强企业和跨国公司巨头已经布局广州市。2018年，广州市天河区金融业增加值突破1 000亿元，占GDP的比重达21.8%；2019年3月1日，上海

---

① 上海市长宁区政府办公室. 区位［EB/OL］.［2019-03-18］. http://www.changning.sh.cn/art/2015/8/10/art_7009_429606.html.

② 《长宁区2018年国民经济和社会发展计划执行情况和2019年国民经济和社会发展计划》.

③ 广州市商务局. 世界五百强纷至沓来，广州倍受投资者青睐！［EB/OL］.（2019-01-07）［2019-03-18］. http://www.gzcoc.gov.cn/gzboftec/ztzl_tzgz_gzys/201901/4abd1c726c4042d0aeb4e5db803bbab4.shtml.

证券交易所南方中心正式揭牌落户天河区，将以广州市为中心，服务包括广东省、福建省、海南省等南方地区的资本市场，开展债券融资、上市公司服务、企业培育、投教培训、技术信息合作等业务。①同时，天河区珠江新城也是广州市总部最为密集的区域。截至 2018 年 11 月，142 家世界 500 强企业设立的 201 家项目机构、105 家广州市认定的总部企业进驻天河区 CBD，总部效应和财税贡献在广州市首屈一指。天河区 CBD 已成为华南地区总部经济和金融、科技、商务等高端产业高度集聚区。②

与天河区珠江新城一江之隔的琶洲成为互联网企业和各类总部企业的集聚之地。阿里巴巴、复星、国美、腾讯、唯品会、小米、欢聚大厦、科大讯飞等国内知名企业在此设立华南总部。其中，阿里巴巴拟投 33 亿元建设华南运营中心及总部办公大楼；腾讯拟投 22 亿元建设广州市总部大楼，打造腾讯移动互联网创新产业基地；唯品会将投入 32 亿元建设公司总部大厦，这 3 家企业的总建筑面积均有 10 万余平方米。小米、复星的投资额也分别超过 20 亿元和 63 亿元，③进而逐步导入旗下"互联网+"、电子商务等相关产业；同时吸引了一大批科技创新企业加速集聚于琶洲，截至 2018 年年末，琶洲有市场主体 11 322 户，与年初相比增长 24.0%。④

随着琶洲互联网集聚区的动工建设与逐渐成熟，它将与天河区珠江新城一同成为广州市极为密集的总部经济集聚带。也就是说，广州市的 RHQ 集聚区位发生转变，由原先的核心集聚区向集聚带转变。

（2）大型项目相继落户广州市

从某种程度上来看，RHQ 集聚与大型项目落地是相互促进的。

---

① 广州市人民政府. 总投资 180 亿元！天河区 20 个新开工项目集中动工、广州科技图书馆拟后年竣工 [EB/OL]. [2019-04-04]. http://www.gz.gov.cn/gzgov/s7498/201903/c00e8325be074ca690f9844eb09c74f2.shtml.
② 广州市人民政府. 广州究竟有多强？天河 CBD 告诉你答案 [EB/OL]. [2019-04-04]. http://www.gz.gov.cn/gzgov/s7498/201811/7a5d8cdd5eb74c3d99c2c8d334e7fa84.shtml.
③ 马喜生. 国内外总部企业加速布局广州 [N]. 南方日报, 2016-03-03.
④ 广州市人民政府. 打造"创新岛" 海珠"逆生长" [EB/OL]. [2019-04-04]. http://www.gz.gov.cn/gzgov/s7498/201903/0655aa106aa844c3be7bfc09e0ca8c06.shtml.

近年来，一批外国跨国公司和国内企业主导的大型项目相继落户广州市，如苏黎世财产保险（中国）有限公司广东分公司、富士康 10.5 代 8K 显示器全生态产业园区、日立汽车马达系统开发及生产基地项目、思科（广州）智慧城、微软广州云暨移动应用孵化平台、亚信数据全球总部、宝洁中国数字创新中心等（见表 2-6）。这些大型项目分布于天河区（3 项）、增城区（2 项）、番禺区（2 项）、南沙区（7 项）、白云区（1 项）。其中，天河区和南沙区的世界 500 强企业在全市占比的增速较快。截至 2017 年 11 月，天河区和南沙区世界 500 强企业占全市比重上升，均占比 17% 左右，黄埔区（包括广州经济技术开发区）占比接近三成。[①] 2018 年，黄埔区引进诺诚健华、卡尔蔡司、瑞士龙沙、默克、PNP 垂直加速器等重大项目 138 个，总投资超 2 000 亿元，其中，世界 500 强、央企、中国 500 强和民营 500 强投资项目 33 个，总部企业 29 个。[②]

与此同时，RHQ 也出现集聚广州市的态势。

截至 2015 年年末，广州市共有内外资总部企业 320 家，其中，RHQ 共计 85 家，金融类企业总部有 32 家，内资企业总部共计 203 家。天河区、黄埔区和越秀区集聚的 RHQ 和金融类企业总部数量分别占据前 3 位。天河区分别为 24 家和 14 家；黄埔区分别为 19 家和 4 家；越秀区分别为 9 家和 8 家（见表 2-7）。

之后，RHQ 集聚态势继续增长。

截至 2017 年 6 月，天河区集聚了近 600 家全国、地区或职能总部企业，其中广州市认定的总部企业共计 111 家，占全市总数的 30%；[③] 产业分布主要集中在第二产业（1.9%）、第三产业（98.1%）；地域分布主要集中在天河区 CBD、天河科技园区区域（核心园区，即

① 朱伟良，昌道励，郑佳欣. 抢占风口　世界 500 强企业加速布局广州 [N]. 南方日报，2017-11-28.
② 广州市人民政府. 全区总动员　吹响新一轮营商环境改革创新和招商引资号角 [EB/OL]. [2019-04-04]. http://www.gz.gov.cn/gzgov/s7498/201902/47bef8676a164aeb9614277031d1d676.shtml.
③ 广州市天河区人民政府. 权威数据！天河区经济概况一览 [EB/OL]. [2019-04-04]. http://www.thnet.gov.cn/thxxw/mtjj/201706/bb30eb5d7482418aaa2c169193c2264c.shtml.

表2-6 　　　　　　　　　　落户广州市的部分大型项目

区位	序号	项目名称	来源地
天河区	1	苏黎世财产保险（中国）有限公司广东分公司	瑞士
	2	中石油非油品广东公司	中国
	3	美银电子资料处理（广州）有限公司	美国
增城区	4	富士康10.5代8K显示器全生态产业园区	中国台湾
	5	日立汽车马达系统开发及生产基地项目	日本
番禺区	6	思科（广州）智慧城	美国
	7	广汽智联新能源汽车产业园	中国
南沙区	8	微软广州云暨移动应用孵化平台	美国
	9	亚信数据全球总部	中国
	10	中远海运散货总部	中国
	11	国新基金	中国
	12	中铁建设集团华南分公司	中国
	13	中铁建设集团南方工程有限公司	中国
	14	中铁隧道局集团有限公司	中国
白云区	15	华为云应用项目	中国

资料来源　朱伟良，昌道励，郑佳欣. 抢占风口　世界500强企业加速布局广州〔N〕. 南方日报，2017-11-28.

表2-7 　广州市集聚的RHQ和金融类企业总部数量（2015年）

序号	企业名称	认定类别	总部类型	注册区
1	百胜餐饮（广东）有限公司	外资	综合型	越秀区
2	满堂红（中国）置业有限公司	外资	综合型	
3	华润万家生活超市（广州）有限公司	外资	综合型	
4	康采恩集团有限公司	外资	综合型	
5	沃尔玛（广东）商业零售有限公司	外资	综合型	
6	百威英博（中国）销售有限公司广州分公司	外资	职能型	

续表

序号	企业名称	认定类别	总部类型	注册区
7	麦当劳阿普米（广州）数据处理服务有限公司	外资	职能型	越秀区
8	南海渔村有限公司	外资	综合型	
9	华润广东医药有限公司	外资	综合型	
10	广发银行股份有限公司	金融	综合型	
11	广东粤财信托有限公司	金融	综合型	
12	广州证券有限责任公司	金融	综合型	
13	万联证券有限责任公司	金融	综合型	
14	华泰长城期货有限公司	金融	综合型	
15	广东省融资再担保有限公司	金融	综合型	
16	广东银达担保投资集团有限公司	金融	综合型	
17	广州交易所集团有限公司	金融	综合型	
18	龙沙（中国）投资有限公司	外资	综合型	海珠区
19	广州珠江啤酒股份有限公司	外资	综合型	
20	广州益武国际展览有限公司	外资	综合型	
21	美臣保险经纪集团有限公司	金融	综合型	
22	广州医药有限公司	外资	综合型	荔湾区
23	广东三元麦当劳食品有限公司	外资	综合型	
24	广州国荃花卉交易有限公司	外资	综合型	
25	唯品会（中国）有限公司	外资	综合型	
26	广州摩拉贸易有限公司	外资	职能型	
27	周生生（中国）商业有限公司	外资	综合型	天河区
28	广州市城市建设开发有限公司	外资	综合型	
29	日立电梯（中国）有限公司	外资	综合型	
30	广州友谊班尼路服饰有限公司	外资	综合型	

续表

序号	企业名称	认定类别	总部类型	注册区
31	延长壳牌（广东）石油有限公司	外资	综合型	
32	广州市天建房地产开发有限公司	外资	综合型	
33	合富辉煌（中国）房地产顾问有限公司	外资	综合型	
34	侨鑫集团有限公司	外资	综合型	
35	喜威（中国）投资有限公司	外资	综合型	
36	广东天河城（集团）股份有限公司	外资	综合型	
37	本田贸易（中国）有限公司	外资	综合型	
38	广州富力地产股份有限公司	外资	综合型	
39	日发投资有限公司	外资	综合型	
40	雅居乐地产置业有限公司	外资	综合型	
41	广州太平洋电脑信息咨询有限公司	外资	综合型	
42	越秀（中国）交通基建投资有限公司	外资	综合型	天河区
43	三井住友融资租赁（中国）有限公司	外资	综合型	
44	广州市方圆房地产发展有限公司	外资	综合型	
45	广州日产通商贸易有限公司	外资	职能型	
46	汇丰软件开发（广东）有限公司	外资	职能型	
47	广东天普生化医药股份有限公司	外资	综合型	
48	量通租赁有限公司	外资	综合型	
49	日立医疗（广州）有限公司	外资	职能型	
50	广东富邦融资租赁有限公司	外资	综合型	
51	广州农村商业银行股份有限公司	金融	综合型	
52	广州银行股份有限公司	金融	综合型	
53	广东省农村信用社联合社	金融	综合型	
54	南方电网财务有限公司	金融	综合型	

续表

序号	企业名称	认定类别	总部类型	注册区
55	广东粤电财务有限公司	金融	综合型	
56	广发证券股份有限公司	金融	综合型	
57	广发期货有限公司	金融	综合型	
58	安联财产保险（中国）有限公司	金融	综合型	
59	怡和立信保险经纪有限责任公司	金融	综合型	
60	中大科技创业投资管理有限公司	金融	综合型	天河区
61	广州越秀产业投资管理有限公司	金融	综合型	
62	广州期货有限公司	金融	综合型	
63	广州产业投资基金管理有限公司	金融	综合型	
64	众诚汽车保险股份有限公司	金融	综合型	
65	广州易初莲花连锁超市有限公司	外资	综合型	
66	广州盛华信息有限公司	外资	综合型	
67	华南蓝天航空油料有限公司	外资	综合型	
68	广东新邦物流有限公司	外资	综合型	白云区
69	优比速包裹运送（广东）有限公司	外资	综合型	
70	中国南航集团财务有限公司	金融	综合型	
71	广州白云民泰村镇银行股份有限公司	金融	综合型	
72	安利（中国）日用品有限公司	外资	综合型	
73	广州敏瑞汽车零部件有限公司	外资	综合型	
74	高露洁棕榄（中国）有限公司	外资	综合型	
75	新世界（中国）地产投资有限公司	外资	综合型	黄埔区
76	箭牌糖果（中国）有限公司	外资	综合型	
77	广州珍宝巴士有限公司	外资	综合型	
78	京信通信系统（中国）有限公司	外资	综合型	

序号	企业名称	认定类别	总部类型	注册区
79	光宝科技（广州）投资有限公司	外资	综合型	
80	蓝月亮（中国）有限公司	外资	综合型	
81	广州神州数码信息科技有限公司	外资	综合型	
82	广州三星通信技术研究有限公司	外资	职能型	
83	广州酷漫居动漫科技有限公司	外资	综合型	
84	广州立邦涂料有限公司	外资	综合型	
85	七天四季酒店（广州）有限公司	外资	综合型	
86	广州市合生元生物制品有限公司	外资	综合型	黄埔区
87	广州百佳超级市场有限公司	外资	综合型	
88	广州视源电子科技股份有限公司	外资	综合型	
89	广州环亚化妆品科技有限公司	外资	综合型	
90	广州尼尔森市场研究有限公司	外资	综合型	
91	广东中科招商创业投资管理有限责任公司	金融	综合型	
92	广州海汇投资有限公司	金融	综合型	
93	广州诚信创业投资有限公司	金融	综合型	
94	广州凯得科技创业投资有限公司	金融	综合型	
95	广州风神汽车有限公司	外资	综合型	
96	广州风神物流有限公司	外资	综合型	
97	国光电器股份有限公司	外资	综合型	
98	优尼冲压（中国）投资有限公司	外资	综合型	花都区
99	泰极爱思（广州）投资有限公司	外资	综合型	
100	广东资雨泰融资租赁有限公司	外资	综合型	
101	广州花都稠州村镇银行股份有限公司	金融	综合型	

续表

序号	企业名称	认定类别	总部类型	注册区
102	广州海鸥卫浴用品股份有限公司	外资	综合型	番禺区
103	番禺珠江钢管有限公司	外资	综合型	
104	奥园集团有限公司	外资	综合型	
105	广州华立科技有限公司	外资	综合型	
106	广州星河湾实业发展有限公司	外资	综合型	南沙区
107	广州珠江电力燃料有限公司	外资	综合型	
108	广州锦兴纺织漂染有限公司	外资	综合型	
109	广州东升农场有限公司	外资	综合型	
110	广州天创时尚鞋业股份有限公司	外资	综合型	
111	广州兴拓置业有限公司	外资	综合型	
112	广州越秀融资租赁有限公司	外资	综合型	
113	福达（中国）投资有限公司	外资	综合型	从化区
114	亨氏（中国）投资有限公司	外资	综合型	
115	广州新滔水质净化有限公司	外资	综合型	增城区
116	广州增城长江村镇银行股份有限公司	金融	综合型	

资料来源　《广州市服务业发展领导小组办公室关于公布2015年度广州市总部企业名单的通知》。

智慧城及周边区域）、天河路及周边区域，以及科技园科韵路园区。[②]

　　截至2017年3月，南沙区共有103家总部企业落户，注册资本为990亿元，外资企业设立的总部为39家，大型央企设立的总部为26家，民营企业设立的总部为38家，其中世界500强企业设立的区域总

---

　　② 　广州市天河区人民政府. 区市场和质量监管局积极服务总部经济发展［EB/OL］. ［2019-04-04］. http://www.thnet.gov.cn/thxxw/bmxx/201704/1fff0b8163514e8187856f5bf8d44e8b. shtml.

部、功能性总部有 17 家。①

截至 2018 年 10 月，越秀区共集聚世界和中国 500 强区域总部或分支机构 86 家、广州市认定总部企业 72 家，占广州市的近 20%；总部经济实现增加值 1 562.95 亿元，同比增长 6.2%，占 GDP 的比重为48.94%；380 家总部企业贡献税收 280 亿元，同比增长 14%。②

2018 年，荔湾区有 17 家企业获市级总部企业认定。③

2.3.2　深圳市

深圳市为广东省省辖市、国家副部级计划单列市，位于广东省南部、珠江口东岸。其东临大亚湾和大鹏湾，西濒珠江口和伶仃洋，南边深圳河与香港相连，北部与东莞市、惠州市相接。深圳市是全国经济中心城市、科技创新中心、区域金融中心、商贸物流中心，也是中国最早实施改革开放、影响最大、建设最好的经济特区。深圳市以集聚跨国公司中国地区总部为特征，前景将会持续看好。

（1）以集聚跨国公司中国地区总部为主

在深圳市，各方不懈努力，正在逐渐改变人们对于"过去深圳市总部基地的职能不是特别强""虽然深圳市孵化了很多优秀企业，但是一些跨国公司、大公司仍然把华南总部放在广州市或者香港，很少放在深圳市"的认知，跨国公司以及跨国公司中国地区总部集聚规模得到较快增长。截至 2016 年年末，深圳市本土世界 500 强企业增至 5家，营业收入超 500 亿元的企业达 22 家，超千亿元的企业有 11 家；集聚 89 家总部企业，贡献税收 443.9 亿元。截至 2017 年年末，深圳市认定的 RHQ 共计 58 家（见表 2-8）。另外，落户于深圳市的外资金融机构以及类金融机构地区总部或地区总部功能的机构主要包括日本兴

---

① 广州市天河区人民政府. 实际利用外资黄埔占比全市四成　新增企业数量天河增长全市第一 [EB/OL]. [2019-04-04]. http://www.thnet.gov.cn/thxxw/mtjj/201707/d551f5b78dc8407fa78a021c5bd6c375.shtml.
② 广州市越秀区人民政府. 2017年越秀区总部经济和民营经济 [EB/OL]. [2019-04-04]. http://www.yuexiu.gov.cn/yxxxw/pc/zwgk/sjfb/sjs_sj/20181009/detail-208168.shtml.
③ 广州市人民政府. 广州市荔湾区人民政府关于广州市荔湾区 2018 年国民经济和社会发展计划执行情况与 2019 年计划草案的报告 [EB/OL]. [2019-04-04]. http://www.gz.gov.cn/GZ58/7.1/201903/7c34fae13ca24081a41b2ea3a5b1fcfa.shtml.

亚财产保险（中国）公司、永亨银行（中国）股份有限公司、印度银行深圳分行等。其中，永亨银行是深圳市第一家外资法人银行。除此之外，中资相应机构也都先后落户深圳市。[1]2016年10月11日，苹果公司首席执行官蒂姆·库克造访深圳市时，宣布苹果公司将在深圳设立研发中心，并于2017年在深圳龙华区福城街道北部规划兴建苹果科技小镇，规划面积为1.9平方千米。[2]

表2-8　　　　　　　　　深圳市认定的部分RHQ

序号	公司名称	来源地	授牌时间
1	印度银行深圳分行	印度	2007年
2	日本兴亚财产保险（中国）公司	日本	
3	维谛技术有限公司	美国	
4	普华永道咨询（深圳）有限公司	英国	
5	深圳远洋运输股份有限公司		
6	周大福珠宝金行（深圳）	中国香港	
7	中海地产集团有限公司		
8	景顺长城基金管理有限公司	美国	
9	比亚迪股份有限公司		
10	新百丽鞋业（深圳）有限公司	中国香港	
11	深圳市茂业商厦有限公司		
12	融通基金管理有限公司	日本	2009年
13	中国国际海运集装箱（集团）股份有限公司	丹麦	
14	百胜餐饮（深圳）有限公司	美国	
15	沃尔玛（中国）投资有限公司		
16	华润万家有限公司	中国香港	
17	麦当劳（深圳）有限公司	美国	
18	深业泰然（集团）股份有限公司	中国香港	
19	翡翠国际货运航空有限责任公司	德国	
20	国投瑞银基金管理有限公司	瑞士	
21	深业鹏基（集团）有限公司	中国香港	
22	深圳市燃气集团股份有限公司		

[1] 张兴旺. 城市职能转型升级　深圳总部经济起势 [N]. 南方都市报，2017-04-18.
[2] 深圳市龙华区. 龙华区政府与华润置地有限公司举行苹果科技小镇项目战略合作签约仪式 [EB/OL]. [2019-03-18]. http://www.sz.gov.cn/cn/xxgk/zfxxgj/gqdt/201709/t20170901_8360154.htm.

序号	公司名称	来源地	授牌时间
23	国际商业机器科技（深圳）有限公司	美国	
24	深圳市福麒珠宝首饰有限公司		
25	安莉芳（中国）服装有限公司	中国香港	
26	深圳市百佳华百货有限公司		
27	香港华艺设计顾问（深圳）有限公司		
28	深圳英飞拓科技股份有限公司	美国	2009年
29	深圳市金活医药有限公司	中国香港	
30	天王电子（深圳）有限公司		
31	金蝶软件（中国）有限公司	开曼群岛	
32	深圳中科智担保投资有限公司	美国+中国香港	
33	依波精品（深圳）有限公司	中国香港	
34	敏华家具制造（深圳）有限公司		
35	深圳市兆恒实业有限公司		
36	芒果网有限公司		
37	华南国际租赁有限公司	中国台湾	2012年
38	富葵精密组件（深圳）有限公司	中国台湾	
39	盐田三期国际集装箱码头有限公司	中国香港	2015年
40	创维集团有限公司		
41	南海油脂工业（赤湾）有限公司	新加坡	
42	富泰华工业（深圳）有限公司	中国台湾	
43	兄弟高科技（深圳）有限公司	中国香港	
44	华润水泥投资有限公司		2016年
45	嘉实多（深圳）有限公司	英国	
46	华润怡宝饮料（中国）有限公司	中国香港	2017年
47	广东大鹏液化天然气有限公司		
48	法雷奥汽车内部控制（深圳）有限公司	法国	

资料来源　［1］深圳市发展和改革委员会. 深圳市总部经济企业奖励与补助名单公示［EB/OL］.［2019-03-18］. http://www.szpb.gov.cn/xxgk/qt/tzgg/201711/t20171122_9922945.htm.［2］深圳市发展和改革委员会. 深圳市总部经济企业奖励与补助名单公示［EB/OL］.［2019-03-18］. http://www.szpb.gov.cn/xxgk/qt/tzgg/201611/t20161111_5274712.htm.［3］深圳市发展和改革委员会. 深圳市总部经济企业奖励与补助名单公示［EB/OL］.［2019-03-18］. http://www.szpb.gov.cn/xxgk/qt/tzgg/201512/t20151216_3407432.htm.

（2）前景将持续看好

深圳市作为中国改革开放前沿，一直都是一片投资热土，深受跨国公司青睐。在未来，深圳市集聚 RHQ 的前景将持续看好。这是因为：

①中国政府继续坚持全方位开放政策。

②粤港澳大湾区规划建设。

③广东省和深圳市"十三五"规划均予以明确深圳市与广州市联手打造总部经济，其中，广州市重点发展服务业，深圳市重点发展高技术产业。

2.3.3　珠海市

珠海市濒临南海，东与中国香港水路相距 36 海里，南与中国澳门陆地相连，区位优势明显。珠海市是我国重要的口岸城市，设有拱北口岸、横琴口岸、珠澳跨境工业区专用口岸 3 个陆运口岸，湾仔轮渡客运口岸、九洲港口岸、斗门港口岸、珠海港口岸、万山港口岸 5 个水运口岸，共计 8 个国家一类口岸，是仅次于深圳市的中国第二大口岸城市。

珠海市制定相关政策吸引 RHQ 及其他类型总部集聚，小见成效。2012 年以来，珠海市陆续出台了一系列总部经济发展配套办法，包括《珠海市鼓励引进总部企业实施意见》《珠海市总部企业认定管理办法》《珠海市总部基地规划和总部经济用地管理办法》《珠海市鼓励总部经济发展专项资金管理办法》《珠海市政府服务总部企业试行办法》《珠海市鼓励总部经济发展的实施意见》等。截至 2013 年 12 月，珠海市共引进总部类企业 38 家，其中成熟总部 16 家、培育总部 22 家；涉及的行业包括奢侈品贸易、能源产品贸易、酒类贸易、医药贸易、电子产品、科教文化、电力服务等。截至 2014 年 5 月，已有 61 家企业提交总部认定申请。[②]截至 2015 年年末，珠海市拥有各级科技企业孵化器 7 家，新型研发机构 16 家，各级工程中心、企业技术中心 350 家，[③]其中经过认定的 RHQ 见表 2-9。2019 年，珠海市全面落实

---

② 珠海市商务局. 聚焦总部经济新政　推动总部经济发展［EB/OL］.［2019-03-18］. http://zwgk.zhuhai.gov.cn/ZH56/201405/t20140514_6096373.html.

③ 《珠海市国民经济和社会发展第十三个五年规划纲要》。

"新外资十条"，支持设立总部及采购中心、研发中心、创新中心等功能性机构；修订珠海市科技企业孵化器管理和扶持办法，规划支持科技企业孵化器建设，力争科技企业孵化器达33家。①

表2-9　　　　　　　　　珠海市认定的部分RHQ名单

序号	公司名称	来源地	授牌时间
1	珠海联邦制药股份有限公司		2007年
2	丽珠医药集团股份有限公司		2008年
3	珠海华润包装材料有限公司		
4	珠海秦发物流有限公司		
5	海赫基服饰有限公司		
6	珠海建轩服装有限公司	中国香港	
7	珠海秦发贸易有限公司		
8	中油洁能（珠海）石化有限公司		2013年
9	珠海红牛饮料销售有限公司		
10	新海能源（中国）有限公司		
11	中油中泰燃气投资集团有限公司		
12	华润电力投资有限公司		
13	珠海仕高玛机械设备有限公司	瑞士	
14	珠海市金邦达保密卡有限公司	中国香港	2015年
15	珠海住化复合塑料有限公司	日本	

资料来源　［1］珠海市科技和工业信息化局. 珠海市总部企业名单［EB/OL］.［2019-03-18］. http://zwgk.zhuhai.gov.cn/ZH02/200908/t20090828_238351. html.［2］中国珠海政府. "2013年度珠海市总部企业" 名单公示［EB/OL］.［2019-03-18］. http://www.zhuhai.gov.cn/xw/xwzx_44483/bmkx/201407/t20140715_13628338.html.［3］珠海市商务局. 关于2015年珠海市总部企业认定名单的公示［EB/OL］.［2019-03-18］. http://www.zhsswj.gov.cn/zwgk/swyw/201508/P020170509599690740887.pdf.

①　《珠海市2019年国民经济和社会发展计划》。

2.3.4 汕头市

汕头市是广东省地级市，位于广东省东部、韩江三角洲南端，北接潮州市，西邻揭阳市，东南濒临南海。汕头市内韩江、榕江、练江三江入海。汕头市是中国主要港口城市、中国最早开放的经济特区、海西经济区重要组成部分，也是中国优秀旅游城市、中国投资环境百佳城市、中国品牌经济城市、国家知识产权工作示范城市、国家电子商务示范城市、国家信息消费试点城市、全国双拥模范城、中国文具生产基地。

汕头市以优质的投资环境吸引着国内外企业投资于此，进而设立各类总部。截至2015年年末，省级工业园区产值超亿元企业有118家，澄海玩具礼品、龙湖外砂潮式工艺毛织服装、龙湖输配电设备、金平轻工装备等4个产业集群被评为省级产业集群升级示范区。现代服务业发展良好，汕头市共认定总部企业73家。汕头市商业银行成功重组为广东华兴银行，新增银行保险证券等金融机构45家、小额贷款公司10家、融资担保公司8家。新增A股上市企业9家，总数达到25家，居广东省前列；"新三板"挂牌企业25家；新增高新技术企业35家，总数达到150家，列粤东西北首位；拥有国家重点实验室2个、省级重点实验室3个、教育部重点实验室1个，省级工程技术研究中心107家，院士工作站2家。截至2017年年末，汕头市已经与世界180多个国家和地区建立经贸关系。60家跨国公司、大商社和大财团在汕头市设立投资项目167个，18家世界500强企业投资项目合计26个。

2.3.5 佛山市

佛山市是广东省地级市，辖禅城、南海、顺德、高明、三水5个区；是中国著名的侨乡。佛山市是中国重要的制造业基地、国家历史文化名城、珠三角地区西翼经贸中心和综合交通枢纽。佛山市地处珠江三角洲腹地，毗邻香港和澳门特别行政区，与广州市共同构成广佛都市圈，是粤港澳大湾区、珠江-西江经济带的重要组成部分。

截至2017年，佛山市拥有超千亿元企业2家、超百亿企业18家。美的、碧桂园、格兰仕、利泰、联塑、海天、兴海等7家佛山民营企业入围"2017中国民营企业500强"，美的、碧桂园跻身福布斯世界企业500强。佛山市拥有上市企业54家，上市企业市值位列全国第7名，新三板挂牌企业有100家，广东金融高新区股权交易中心注册登记企业有3 510家。佛山市积极参与"一带一路"建设，深化与"一带一路"沿线国家在经贸、科技、文化等领域合作交流，先后与日本伊丹市、毛里求斯路易港市、美国斯托克顿市、德国因戈尔施塔特市、俄罗斯纳罗福明斯克区、瓦努阿图维拉港市等结为国际友好城市，获荣国际友好城市交流合作奖。目前，一汽大众、丰田集团、安海斯-布希、施耐德电气等60个世界500强企业落户佛山市。佛山市联合德国不来梅市、汉诺威市等国内外城市组建"中德工业城市联盟"，成员已经扩大到33家；与中国香港构建"佛山-香港"合作新模式，达成七大领域11个重点项目合作意向。

民营经济是佛山市经济的中流砥柱。佛山市是中国民营经济最为发达的地区之一，民营市场主体有51.25万户，占全市市场主体总数的82.94%，民营工业对全市工业增长贡献率为81.6%。[①]因此，形成佛山总部经济的生力军是民营经济主体，RHQ属于弱者。

2.4　江苏省集聚区位

江苏省位于中国东部沿海，是港口大省。在中国沿海的25个主要港口中，江苏省拥有5个。江苏省东临黄海，与上海市、浙江省、安徽省、山东省相连；与上海市、浙江省共同构成的长江三角洲城市群，成为世界级城市群之一。优势的地理位置为江苏省发展开放型经济提供了前提条件，也成为中国集聚RHQ靠前的省份。2012年，江

苏省商务厅根据相关规定首批认定了85家跨国公司总部企业，其中投资性地区总部17家、非投资性地区总部22家、功能性机构46家。①截至2017年年末，江苏省累计完成8批认定工作，累计认定RHQ以及功能性机构200家、外资独立法人研发机构330家。②这些机构主要分布于南京市、苏州市、无锡市、常州市等。

2.4.1　南京市

南京市是江苏省省会城市，是全省的政治、经济、科教和文化中心，是国务院确定的首批中国历史文化名城和全国重点风景旅游城市。南京市地处中国沿海开放地带与长江流域开发地带的交汇部，是长三角经济核心区的重要区域中心城市。南京市是中国重要的综合性工业生产基地，位列中国城市综合实力"50强"前茅，是国际上看好的21世纪亚洲环太平洋地区最具发展前景的城市之一。

南京市以集聚外商投资性机构和研发中心为主，是跨国公司抢滩江苏省的重点地区。2012年8月，江苏省商务厅进行了第1批RHQ和功能性机构的认定工作，全省有39家企业被认定为RHQ，有46家企业被认定为功能性机构。其中，南京市有31家RHQ被认定。③"十二五"时期南京市新增外商投资地区总部、投资性公司、结算和物流中心、研发机构80个，其中达到商务部认定标准2家、省商务厅认定27家。预计"十三五"结束时，南京市新增外商投资性机构90家。④2016年和2017年共有4家RHQ和功能性机构获得江苏省商务厅认定（见表2-10）。⑤2017年是"十三五"实施的第二年，南京市新增外商投资性机构17家，其中区域总部1家、投资性公司3家、研发中心9

　　① 江苏国际投资促进网. 江苏省首批认定85家跨国公司总部企业［EB/OL］.［2019-03-18］. http://www.iinvest.org.cn/web/NewsDetail.aspx?ClassName=%CD%B6%D7%CA%B6%AF%CC%AC&nid=846.
　　② 江苏省人民政府. 开放型经济［EB/OL］.［2019-03-18］. http://www.jiangsu.gov.cn/col/col31390/index.html.
　　③ 毛庆. 31家跨国公司在南京设立地区性总部［EB/OL］.［2019-03-18］. http://news.sina.com.cn/o/2012-09-02/062025084009.shtml.
　　④《南京市"十三五"开放型经济发展规划》。
　　⑤ ［1］《省商务厅关于第五批江苏省跨国公司地区总部和功能性机构企业名单公示》；［2］《省商务厅关于第六批江苏省跨国公司地区总部和功能性机构企业名单公示》；［3］《省商务厅关于认定江苏省第七批跨国公司地区总部和功能性机构的通知》。

家、其他机构4家。①

表2-10　　　　2016年和2017年经认定的南京市RHQ与功能性机构

类别	序号	公司名称	认定时间
RHQ	1	协鑫新能源投资（中国）有限公司	第6批（2016年）
	2	中圣清洁能源投资（江苏）有限公司	第7批（2017年）
功能性机构	1	阿特拉斯科普柯（中国）矿山与建筑设备贸易有限公司	第5批（2016年）
	2	光大环境科技（中国）有限公司	第7批（2017年）

2.4.2　苏州市

苏州市位于长江三角洲中部，东邻上海市，南连浙江省嘉兴、湖州两市，西傍太湖，与无锡市相接，北枕长江。苏州市内河港密布，公路四通八达。横卧北侧的长江是水运干道；位于长江下游南岸的苏州港是国家一类口岸。优良的区位优势使苏州市成为集聚国内外企业总部、技术研发中心等功能性机构的重要区位。

苏州市集聚总部的特征是以技术研发中心为主。截至2017年年末，苏州市共有288家总部经济企业纳入统计范围，其中内资企业152家，外资及中国香港、澳门、台湾企业136家。由苏州市总部经济办公室认定的总部企业有127家，其中，44家是上市企业，22家是跨国公司地区总部和功能性机构，16家是地标性企业。②在288家总部经济企业中，有178家企业建立了技术研发中心，（苏州）工业园区居首位；有36家企业建立了技术研发中心，占建立技术研发中心企业的20.2%；昆山市居第2位，有31家，占比为17.4%；常熟市和

---

①　南京市商务局. 2017年全市商务运行情况［EB/OL］.［2019-03-18］. http://swj.nanjing.gov.cn/njsswj/201810/t20181021_483481.html.
②　苏州市统计局. 2017年苏州总部经济企业呈现"三主导"特征［EB/OL］.［2019-03-18］. http://www.suzhou.gov.cn/xxgk/gmjjhshfztjxx/tjsjjd/201807/t20180704_990839.shtml.

张家港市并列第3位，均有22家，占比均为12.4%。[①]特别值得一提的是，截至2018年8月，苏州园区RHQ及功能性机构（省级总部）有39家，占全省的20%。[②]其中，获得江苏省商务厅第4批、第5批、第6批、第7批、第8批认定的RHQ和功能性机构分别为23家和11家（见表2-11）。

表2-11　　苏州市RHQ与功能性机构（截至2018年8月）

类别	序号	公司名称	认定时间
RHQ	1	盖茨优霓塔传动系统（苏州）有限公司	第4批（2015年）
	2	张家港浦项不锈钢有限公司	第5批（2016年）
	3	裕融租赁有限公司	
	4	卫材（中国）投资有限公司	
	5	台骏国际租赁有限公司	
	6	昆山元茂电子科技有限公司	
	7	依利安达电子（昆山）有限公司	
	8	江苏荣成环保科技股份有限公司	
	9	台玻长江玻璃有限公司	
	10	统实（中国）投资有限公司	第6批（2016年）
	11	纬创资通（昆山）有限公司	
	12	敏华家具总部（吴江）有限公司	
	13	达涅利冶金设备（中国）有限公司	
	14	康美包（苏州）有限公司	
	15	永旺华东（苏州）商业有限公司	
	16	慕贝尔汽车部件（太仓）有限公司	第7批（2017年）
	17	萨帕精密管业（苏州）有限公司	
	18	世联汽车内饰（苏州）有限公司	

---

① 苏州市统计局. 工业园区、昆山领跑苏州总部经济企业技术研发中心［EB/OL］.［2019-03-18］. http://www.suzhou.gov.cn/xxgk/gmjjhshfztjxx/tjsjjd/201807/t20180704_990818.shtml.

② 孙宝平. 苏州工业园区成为外资集聚地［N］. 国际商报，2018-08-23.

类别	序号	公司名称	认定时间
RHQ	19	昆山丘钛微电子科技有限公司	第7批（2017年）
	20	定颖电子（昆山）有限公司	
	21	竟陆电子（昆山）有限公司	
	22	通力电梯有限公司	
	23	苏州市韩森（中国）投资有限公司	第8批（2017年）
功能性机构	1	阿科玛（常熟）氟化工有限公司	第5批（2016年）
	2	昆山宏致电子有限公司	第6批（2016年）
	3	威富服饰（中国）有限公司	
	4	一诠精密电子工业（中国）有限公司	
	5	佐敦涂料（张家港）有限公司	
	6	苏州裕景泰贸易有限公司	
	7	瑞仪光电（苏州）有限公司	
	8	长兴化学工业（中国）有限公司	第7批（2017年）
	9	昆山中辰矽晶有限公司	
	10	伟创力电子技术（苏州）有限公司	
	11	法可赛（太仓）汽车配件有限公司	第8批（2017年）

2.4.3 无锡市

无锡市位于长江三角洲平原腹地，是江苏省南部、太湖流域的交通中枢，京杭大运河从中穿过。无锡市北倚长江，南濒太湖，东接苏州市，西连常州市，构成苏锡常都市圈。无锡市既是中国国家历史文化名城，也是中国民族工业和乡镇工业的摇篮，是苏南模式的发祥地。

无锡市集聚RHQ的特征是以电子科技RHQ为主。截至2016年年末，无锡市拥有省级RHQ14家、跨国公司功能性机构14家，累计96

家世界500强跨国公司投资设立了186家企业。①其中，获得江苏省商务厅认定的企业有江苏中智交通科技有限公司、高德（无锡）电子有限公司、瀚宇博德科技（江阴）有限公司等（见表2-12）。

表2-12　无锡市RHQ与功能性机构（截至2016年年末）

类别	序号	公司名称	认定时间
RHQ	1	江苏中智交通科技有限公司	第4批（2015年）
	2	高德（无锡）电子有限公司	
	3	江苏俊知技术有限公司	第5批（2016年）
	4	瀚宇博德科技（江阴）有限公司	第6批（2016年）
	5	鹰普（中国）有限公司	
	6	健鼎（无锡）电子有限公司	
	7	江苏太明金属制品有限公司	第8批（2017年）
功能性机构	1	唐纳森（中国）贸易有限公司	第5批（2016年）

资料来源　〔1〕《省商务厅关于认定江苏省第四批跨国公司地区总部和功能性机构的通知》。〔2〕《省商务厅关于第五批江苏省跨国公司地区总部和功能性机构企业名单公示》。〔3〕《省商务厅关于第六批江苏省跨国公司地区总部和功能性机构企业名单公示》。〔4〕《省商务厅关于认定江苏省第八批跨国公司地区总部和功能性机构的通知》。

2.4.4　常州市

常州市位于长江之南、太湖之滨，是江苏省13个省辖市之一；地处江苏省南部、长江三角洲中心地带，东与无锡市相邻，西与南京市、镇江市相连，南与无锡市、安徽省宣城市交界，与上海市、南京市两大都市等距相望。常州市区位条件优越，也成为江苏省集聚RHQ和功能性机构的区位之一。

常州市集聚RHQ的特征是以制造业为主。截至2018年年末，常州市共有17家RHQ和功能性机构，其中RHQ10家、功能性机构7家

① 《无锡年鉴（2017）》。

（见表2-13）。①2017年11月9日，江苏省外企协会名誉会长吴晓晶为"跨国公司在苏地区总部和功能性机构（常州）服务中心"揭牌。

表2-13 常州市部分RHQ与功能性机构（截至2018年年末）

类别	序号	公司名称	认定时间
RHQ	1	顺风光电投资（中国）有限公司	第2批（2014年）
	2	瑞声（中国）投资有限公司	
	3	江苏天合太阳能电力投资发展有限公司	第4批（2015年）
	4	倍科电器有限公司	第5批（2016年）
	5	立达（中国）纺织仪器有限公司	
	6	光宝科技（江苏）有限公司	
	7	常州东奥服装有限公司	第7批（2017年）
	8	瓦卢瑞克（中国）有限公司	
	9	埃马克（中国）机械有限公司	
功能性机构	1	爱科（常州）农业机械有限公司	第1批（2012年）
	2	梅特勒-托利多（常州）精密仪器有限公司	第2批（2014年）
	3	特雷克斯（常州）机械有限公司	第5批（2016年）
	4	森萨塔科技（常州）有限公司	
	5	雷勃电气（常州）有限公司	
	6	常州天虹伟业纺织有限公司	第7批（2017年）
	7	莱尼电气线缆（中国）有限公司	第9批（2018年）

资料来源 依据以下文献整理：［1］常州市商务局. 我市新增四家跨国公司地区总部和功能性机构［EB/OL］.［2019-03-18］. http://swj.changzhou.gov.cn/html/swj/2017/IMDOOPEA_0930/12845.html.［2］常州市商务局. 我市六家企业获跨国公司总部机构认定［EB/OL］.［2019-03-18］. http://swj.changzhou.gov.cn/html/swj/2016/IMDOOPEA_0405/10027.html.［3］常州市商务局. 我市新增三家外资跨国公司地区总部和功能性机构［EB/OL］.［2019-03-18］. http://swj.changzhou.gov.cn/html/swj/2014/IMDOOPEA_0310/7607.html.［4］常州市商务局. 我市天合太阳能投资公司获跨国公司地区总部认定［EB/OL］.［2019-03-18］. http://swj.changzhou.gov.cn/html/swj/2015/IMDOOPEA_0511/8390.html.［5］《省商务厅关于认定江苏省第九批跨国公司地区总部和功能性机构的通知》。

---

① 根据常州市人民政府官网消息，截至2017年9月，常州市有10家RHQ和6家功能性机构；但是在江苏省商务厅和常州市商务局的官网上，没有找到第3批认定企业名单，常州市其他各批认定的RHQ也只找到9家，因此，无法核实常州市到底有10家还是9家RHQ，特此说明。

2.5 其他省市集聚区位

除去上述省市之外，福建省、湖北省、天津市等诸多省市及其下属区或县级市都在积极吸引 RHQ；尽管效果仍不能与北京市、上海市、广东省、江苏省等地相媲美，但还是不断向好的方向发展。

2.5.1 福建省

福建省位于中国东南沿海，东隔台湾海峡与我国台湾相望。福建省拥有丰富的自然资源，特别是海洋资源，是中国五大港口群之一。福建省南北连接珠江三角洲和长江三角洲两大经济发达区域，产业环境配套，已经形成石油化工、装备制造、电子信息三大主导产业，生物医药、新能源、新材料、节能环保、文化创意等战略性新兴产业，以及轻工、纺织、林产等优势产业。2014 年，国务院正式批复设立中国（福建）自由贸易试验区，包括平潭、厦门、福州 3 个片区。自贸试验区以开放促改革，立足于深化两岸经济合作，服务于"一带一路"倡议。[②]作为中国最早实行对外开放的省份之一，2017 年福建省实际利用外商直接投资金额为 573.17 亿元，较上年增长 8.2%；新设外商直接投资企业 2 041 家，下降 13.3%。[③]

在福建省，厦门市的集聚特征比较明显。厦门市位于福建省东南端，是副省级城市，西接漳州台商投资区，北邻南安市和晋江市，东南与大小金门和大担岛隔海相望。厦门市是闽南地区的主要城市之一，与漳州市、泉州市并称厦漳泉闽南金三角经济区。厦门市是中国最早实行对外开放政策的 4 个经济特区之一、5 个开发开放类国家综合配套改革试验区之一（新特区）、中国（福建）自由贸易试验区的 3 个片区之一，也是两岸新兴产业和现代服务业合作示范区、东南国

---

② 中国（福建）自由贸易试验区. 中国（福建）自由贸易试验区扬帆起航 [EB/OL]. [2019-03-18]. http://www.china-fjftz.gov.cn/article/index/gid/8/aid/142.html.
③ 福建省人民政府. 省情概况 [EB/OL]. [2019-03-18]. http://www.fujian.gov.cn/szf/gk/bmkg/201805/t20180517_2383163.htm.

际航运中心、两岸区域性金融服务中心和两岸贸易中心。③

厦门市的集聚特征是着力发展海西总部经济集聚地。厦门市思明区鹭江道仁立着厦门财富中心大厦、建设银行大厦、国际银行中心等一幢幢百米高端的写字楼，既是厦门市的地标性区域，也是吸引世界500强企业及国内知名企业的厦门市总部经济带。截至2017年8月，思明区已经集聚65家总部企业，实现纳税37.2亿元，占全市财政总收入的22.8%。重点园区贡献显著，超百万重点税源有1 478家，纳税126.95亿元，占全市财政总收入的77.9%。事实上，早在2010年思明区就在厦门市率先提出打造海西总部经济集聚区的发展思路，并制定了一系列优惠政策，以吸引企业植根于厦门市。④

厦门市自贸试验区经济成果显现。2016年，自贸试验区新设外资企业862家，合同外资有65.6亿美元，占全市总额的86.7%；实际利用外资4.9亿美元，占全市总额的22.1%。自贸试验区内聚集了飞机发动机维修、跨境电商、融资租赁等新兴业态。航空维修产业产值增长23.0%，跨境电商货值增长40.0%，引进金融、类金融机构和投资公司3 400家。自贸试验区改革效果明显，33项改革举措为全国首创，船舶通关效率提高50%以上。⑤随着自贸试验区功能的不断显现，RHQ集聚厦门市的趋势还会继续加强。

2.5.2 湖北省

湖北省位于华中腹地，是中华民族灿烂文化的重要发祥地之一；东邻安徽省，南接江西省、湖南省，西连重庆市，西北与陕西省相连，北与河南省毗邻。⑥2016年8月，党中央、国务院决定，湖北省成为新设立的7个自贸试验区之一，这代表着自贸试验区建设进入了

---

③ 厦门市人民政府. 厦门概况［EB/OL］.［2019-03-18］. http://www.xm.gov.cn/zjxm/xmgk/.
④ 薛志伟. 福建厦门：总部经济方兴未艾［N］. 经济日报，2017-10-12.
⑤ 《厦门经济特区年鉴（2017）》.
⑥ 湖北省人民政府. 湖北省概况［EB/OL］.［2019-03-18］. http://www.hubei.gov.cn/2018/local/2018gk/201810/t20181001_1348527.shtml.

试点探索新航程。④2018年1—7月，湖北自贸试验区新设立企业7 937家，其中，外商投资企业有51家，合同外资为7.5亿美元，实际利用外资为3.5亿美元。2018年1—8月，湖北省新批外商投资项目286个，同比增长53.8%。截至2018年8月，湖北省世界500强企业达277家，居中部地区首位。⑤

在湖北省，武汉市在努力集聚国内外RHQ。武汉市位于江汉平原东部，是长江中游特大城市、湖北省省会；中国重要的工业、科教基地和综合交通枢纽；中国著名的江城、历史文化名城、楚文化的发祥地之一；国内科教名城，高校数量居全国第3。武汉市是中国高速铁路的中心，乘坐高铁至北京市、上海市、重庆市、深圳市、香港特别行政区等均在5小时左右；是中国中部航空枢纽，拥有40条境外直达航线，是华中地区唯一可直航四大洲的城市；是"一带一路"倡议的重要节点城市。武汉市的高新技术产业、汽车产业和商贸流通产业在国内占有重要地位。⑥武汉市也是湖北省自贸试验区3个片区之一。武汉市良好的战略区位，以及人文、科教、产业基础等，为其集聚国内外企业总部奠定了基础。"十二五"结束时，武汉的世界500强企业达到230家，新增美国、英国总领事馆。

武汉市"外资总部经济"特征正在逐步凸显。改革开放以来，武汉市利用外资在总量增加的同时，质量也在不断提升。2012年以来，凭借武汉市区位、人才优势，加之"中部崛起"战略支点、"两型社会"综合改革配套实验区的建设，外资企业巨头纷纷在武汉市投资兴业。截至2017年年末，武汉市招商引资实际到位8 200多亿元，同比增长41%；亿元以上签约项目数为789个，签约总部投资突破2.5万亿元；来武汉市投资的世界500强企业累计达到256家，其中新引进世界500强投资项目133个，是上年的1.7倍；新引进30亿元以上现

④　佚名. 中国将新设立7个自贸试验区　复制推广已有经验 [EB/OL]. [2019-03-18]. http://news.china.com.cn/2016-09/01/content_39206082.htm.
⑤　何习文，鄂商宣. 前三季度湖北省商务经济保持平稳发展态势 [EB/OL]. [2019-03-18]. http://www.hubei.gov.cn/zwgk/bmdt/201809/t20180928_1347340.shtml.
⑥　武汉市人民政府. 大江大湖大武汉 [EB/OL]. [2019-03-18]. http://www.wuhan.gov.cn/2018wh/zjwh_5785/whgk/201808/t20180824_223226.html.

代服务业项目35个，是全年目标的5倍；新引进13家世界500强企业，比上年多3家。同时，武汉市利用外资结构也在逐步升级。与20世纪90年代相比，虽然武汉市第二产业仍是利用外资的重点，但第二产业利用外资的结构在不断优化，以光电子制造、汽车零部件、仪器及饲料加工等为代表的高新技术产业所占比重有所提高，同时第三产业尤其是以商务、信息、科技、金融、物流等为主的生产性服务业，成为外资竞相集聚、进驻的热点新领域。⑤也就是说，第三产业RHQ集聚武汉市的现象逐渐出现。

另外，武汉市集聚RHQ的特征还体现在以下两方面：

①金融市场业态不断优化，金融机构不断集聚。截至2017年年末，总部设在武汉市的金融机构有27家，新增民营银行1家。在武汉市设立或筹建后台服务中心的金融机构有33家，上市公司有70家，其中境外18家、境内52家。武汉市的科技发展硕果累累，截至2017年年末，全市高新技术企业有2 827家，比上年增长29.9%；拥有国家重点实验室21个、企业国家重点实验室7个、国家工程实验室4个、国家级工程技术研究中心28个。⑥

②国内企业"第二总部"⑦不断集聚，将进一步吸引外资RHQ集聚。据不完全统计，2012年至2017年5月，武汉市已经集聚"第二总部"不少于19家，加上设立研发中心的企业数量，企业数超过26家。19家"第二总部"企业分别是科大讯飞、小米科技、小红书、慕声科技、ofo小黄车、跟谁学、江民科技、尚德机构、猿辅导、东方梦幻、滴滴出行、奇虎360、摩拜单车、神州数码、华发集团、中国医疗器械公司、青藤云安全、航班管家、沪江教育；设立研发中心的企业是腾讯科技、中兴通讯、华为科技、联想、阿里巴巴、找钢网等。上述企业的"第二总部"或研发机构大多落户于武汉东湖新技术

---

⑤ 武汉统计局. 抓住机遇　扩大开放　加速发展 [EB/OL]. (2018-09-03) [2019-03-18]. http://tjj.wuhan.gov.cn/details.aspx?id=4225.

⑥ 武汉统计局. 市情概况 [EB/OL]. [2019-03-18]. http://tjj.wuhan.gov.cn/details.aspx?id=83.

⑦ "第二总部"通常是指市场之外的企业职能运营，与第一总部相互呼应，以降低生产成本，促进企业整体发展。

产业开发区（别称中国光谷）。2017年7月，又有不少于7家国内优秀企业与武汉市签约，宣布"第二总部"落户武汉市。④

2.5.3 天津市

天津市地处太平洋西岸、华北平原东北部、海河流域下游，东临渤海，北依燕山，西靠首都北京市，是海河五大支流南运河、子牙河、大清河、永定河、北运河的汇合处和入海口，素有"九河下梢""河海要冲"之称。天津市是中蒙俄经济走廊的主要节点、海上丝绸之路的战略支点、"一带一路"交汇点、亚欧大陆桥最近的东部起点。其凭借优越的地理位置和交通条件，成为连接国内外、联系南北方、沟通东西部的重要枢纽，是邻近内陆国家的重要出海口。天津市背靠华北、西北、东北地区，经济腹地辽阔，是中国北方十几个省（自治区、直辖市）对外交往的重要通道，也是中国北方最大的港口城市。天津市距北京市120千米，是拱卫京畿的要地和门户。⑤2018年1月22日和10月9日，天津市商务委员会先后认定天津市第1批和第2批跨国公司地区总部和总部型机构，其中认定RHQ和总部型机构分别为9家和6家（见表2-14）。⑥

天津市以疏解非首都功能为契机，依托自贸试验区、滨海新区等区位，积极改进营商环境，吸引RHQ，发展总部经济。天津自贸试验区扩大投资领域开放，对负面清单以外的外商投资企业设立及变更实行备案制。2017年年末，天津自贸试验区累计新设外商投资企业1 547家，占全市近60%，95%以上通过备案设立，注册资本为3 075亿元。另外，天津自贸试验区推动金融开放创新。"金改30条"核心政策有70%落地实施，跨境本外币资金池、跨境融资、融资租赁收取外币租金等创新业务成效明显。金城银行、华运金租、汇丰银行等

④ 张隽玮. 这场第二总部争夺战，武汉将上海、成都甩在身后！［N］. 长江日报，2017-10-14.
⑤ 天津市人民政府. 天津市地理位置［EB/OL］.［2019-03-18］. http://www.tj.gov.cn/tj/tjgk/dlwz1/dlwz/.
⑥ ［1］《市商务委关于认定天津市第一批跨国公司地区总部和总部型机构的通知》。［2］《市商务委关于认定天津市第二批跨国公司地区总部和总部型机构的通知》。

表2-14 天津市认定的RHQ和总部型机构

序号	公司名称	类别	认定时间
1	天津力高宏业投资有限公司	RHQ	2018年1月22日（第1批）
2	丰厨（天津）投资有限公司		
3	天津金拱门食品有限公司		2018年10月9日（第2批）
4	利拉伐（天津）有限公司		
5	现代制铁投资（中国）有限公司		
6	赛威传动（中国）投资有限公司		
7	永旺梦乐城（中国）投资有限公司		
8	天津纽锋投资有限公司		
9	诺和诺德（中国）制药有限公司		
10	弗兰德传动系统有限公司	总部型机构	2018年1月22日（第1批）
11	天津肯德基有限公司		
12	丰益油脂科技有限公司		
13	诺维信（中国）生物技术有限公司		2018年10月9日（第2批）
14	SEW-传动设备（天津）有限公司		
15	沃尔玛（天津）配送中心有限公司		

民营、外资金融机构入驻。截至2017年年末，天津自贸试验区各类持牌金融机构有132家；创新发展商业保理，各类保理企业有380家，业务规模达300亿元，占全国的15%。天津自贸试验区的租赁业创新保持全国领先地位，区内各类租赁公司有2 534家，其中，融资租赁公司总部超过1 000家，租赁飞机837架、船舶104艘、海上石油钻井平台11座，分别占全国的90%、80%、100%，融资租赁产业集聚效应明显。①

天津市滨海新区自2016年以来不断吸引总部项目落户：

---

① 天津市人民政府. 天津自贸区 [EB/OL]. [2019-03-18]. http://www.tj.gov.cn/tj/tjgk/kfkf/zmq/201712/t20171201_3617690.html.

①吸引国内企业总部落户。截至 2017 年 4 月，天津市滨海新区新增总部企业 20 个，其中，北京市和河北省两地项目占比达到近 50%，北京市总部企业同比增长近四成。天津东疆保税港区的首个央企金融总部，即中国冶金地质总局的全资子公司续宝资本控股有限公司注册成立，注册资金为 5 亿元人民币。天津市滨海新区加大力度，有针对性地对有助于区域产业提升的企业进行招商，在开发区、高新区、保税区、中心商务区等地选定特定区域或特定楼宇，分别作为对接载体，命名为"京津新区高新技术创新发展基地""京津总部经济发展基地""京津金融产业创新发展基地"，承接北京市海淀区中关村、朝阳区 CBD 和西城区金融街的产业转移，吸引北京市总部项目落户。④

②吸引跨国公司研发中心和 RHQ 入驻。2018 年 9 月 29 日，天津经济技术开发区管委会与 PPG 公司签署投资合作协议，PPG 全球最先进涂料创新中心将落户天津经济技术开发区。该项目是 PPG 公司在美国以外唯一的全球级研发中心，也是在天津经济技术开发区落户的首个外资全球级研发中心项目，计划 2021 年完成建设并投入使用。⑤

天津市其他各区也都在努力吸引 RHQ，发展总部经济。比如河西区围绕总部企业、金融创新、大数据等领域精准招商，与中国交通建设股份有限公司签署战略合作协议，与中国建筑设计院签约共建天津市总部，引进清华启迪科技、北大智慧科技、国家电投集团等京冀企业 71 家，引进总部和地区总部型金融机构 7 家，24 家总部和区域总部银行机构。⑥

2.5.4 湖南省

湖南省是华夏文明的重要发祥地之一，位于中国中部、长江中游。其因省内大部分区域处于洞庭湖以南而得名"湖南"，因省内最

④ 天津市人民政府. 滨海新区不断吸引总部项目落户 [EB/OL]. [2019-03-18]. http://www.tj.gov.cn/xw/qx1/201704/t20170406_3592999.html.
⑤ 王森. PPG 全球最先进涂料创新中心落户天津开发区 [EB/OL]. (2018-08-30) [2019-03-18]. http://tj.people.com.cn/n2/2018/0830/c375366-31995200.html.
⑥ 天津市发展和改革委员会. 河西筑牢经济高质量发展根基 [N]. 天津日报, 2018-09-13.

大河流湘江流贯全省而简称"湘"。湖南省东以幕阜、武功诸山与江西省交界，南枕南岭与广东省、广西壮族自治区为邻，西以云贵高原东缘与贵州省、广西壮族自治区、重庆市毗邻，北以滨湖平原与湖北省相连，处于东部沿海地区和中西部地区的过渡带、长江开放经济带和沿海开放经济带的结合部，具有承东启西、连南接北的枢纽地位。湖南省交通便利，水陆空综合交通体系立体衔接、纵横交错、通江通海。工业领域有机械、轻工、食品（不含烟草制品）、电子信息、石化、有色、冶金、建材、电力等9个千亿产业，有长沙经济技术开发区、长沙高新区、株洲高新区、湘潭经济技术开发区4个千亿产业园区，有22家国家级新型工业化产业示范基地。湖南省的第三产业发展较快，广播影视、动漫、文化创意、出版、旅游等产业迅速崛起，特别是广电、出版等优势产业在全国保持领先地位，"广电湘军""出版湘军""动漫湘军"全国驰名。⑤"十二五"结束时，湖南省引进世界500强企业共计137家，实际利用外商直接投资金额年均增长17.4%；湘潭市、衡阳市、岳阳市综合保税区以及长沙市跨境贸易电子商务服务试点、岳阳城陵矶港启运港退税政策试点等相继获批，内陆开放格局初步形成。⑥

在湖南省，长沙市努力吸引跨国公司中国运营中心、跨国公司湖南总部、国内大型企业第二总部在内的各类总部企业。长沙市是湖南省省会，是湖南省的政治、经济、文化、交通、科技、金融、信息中心。它位于湖南省东部偏北的湘江下游和长浏盆地西缘，东邻江西省宜春市和萍乡市，南接株洲、湘潭两市，西连娄底市，北抵岳阳、益阳两市。⑦截至2018年10月，长沙市集聚了来自美国等的跨国公司中国运营中心或湖南总部，以及国内大型企业第二总部。比如美国佩罗系统（Perot Systems）公司中国运营中心总部设立于长沙市，中国香港屈臣氏集团将湖南总部落户长沙市雨花区，美国亚马逊旗下云计算

⑤ 湖南省人民政府. 省情介绍［EB/OL］.［2019-03-18］. http://www.hunan.gov.cn/jxxx/hngk/sqjs/.
⑥ 《湖南省国民经济和社会发展第十三个五年规划纲要》。
⑦ 长沙市人民政府. 长沙概况［EB/OL］.［2019-03-18］. http://www.changsha.gov.cn/zjcs/kncs/xzqh/200907/t20090727_395.html.

服务平台AWS联合孵化器湖南区域总部落户于长沙市雨花区等。国内企业的全国总部，如央企中铁六局集团路桥建设有限公司的全国总部、58集团全国金融总部等也位于长沙市（见表2-15）。[3]

表2-15　入驻长沙市的部分总部企业（截至2018年10月）

序号	企业名称	来源地	总部性质	入驻时间
1	佩罗系统公司	美国	中国运营中心总部	2009年9月
2	屈臣氏集团	中国香港		2009年12月
3	光大银行	中国	湖南区域总部	2010年3月
4	中国通用地产			
5	AWS联合孵化器	美国		
6	恒丰银行			2016年4月
7	58金融服务有限公司	中国		
8	中铁六局集团路桥建设有限公司		全国性企业总部	
9	湖南昭泰医疗集团			

长沙市存在吸引第二总部的前提，因为：

①在全国移动互联网领域精英人士中，将近1/3都是湘籍企业家，如IDG资本全球董事长熊晓鸽、58集团CEO姚劲波、"微信之父"张小龙、金蝶国际软件集团有限公司董事长徐少春、清科集团董事长倪正东、易宝支付CEO唐彬、融360联合创始人兼CEO叶大清等。他们纷纷回湘发展，为湖南省移动互联网产业蓬勃发展注入了强大动力。

②以长沙市为主形成了移动互联网产业集聚。截至2017年，全

---

③　[1] 长沙市商务局. 佩罗系统中国运营中心总部落户长沙 [EB/OL]. [2019-03-18]. http://swt.hunan.gov.cn/hnswt/szzsw/zssswj/swdt_81815/201611/t20161107_3434593.html. [2] 长沙市商务局. 全球500强湖南总部落户雨花 [EB/OL]. [2019-03-18]. http://swt.hunan.gov.cn/hnswt/szzsw/zssswj/swdt_81815/201611/t20161107_3433834.html. [3] 湖南省商务厅. 长沙雨花区赴京招商引来五大企业总部亚马逊来长设孵化器 [EB/OL]. [2019-03-18]. http://swt.hunan.gov.cn/hnswt/szsw/xxgk/sxsw/201611/t20161102_3413243.html. [4] 衡阳市商务和粮食局. 衡阳市蒸湘区成功引进一家世界500强企业区域总部及分支机构 [EB/OL]. [2019-03-18]. http://swt.hunan.gov.cn/hnswt/szsw/hysswhlsj/swdt_81870/201610/t20161015_3354141.html.

省移动互联网企业总数已经达到 4.3 万家。2014—2016 年，湖南省的互联网产业和互联网企业增长超过 100%，速度惊人。[③]这些都为长沙市乃至整个湖南省集聚国内外互联网企业不同层面的总部奠定了坚实基础。

2.6　本章小结

北京市是中国集聚 RHQ 最多的城市之一，对 RHQ 实施认定管理。RHQ 主要集聚于朝阳区 CBD、海淀区海淀园、西城区金融街。朝阳区以 CBD 为核心集聚 RHQ 等功能性机构，不仅数量多、层次高、类型齐全，而且得到朝阳区政府的支持力度非常大。海淀区以海淀园为核心，主要集聚信息技术以及高新技术 RHQ。西城区以金融街为核心集聚金融类 RHQ。北京其他区位亦有不同类型的 RHQ 集聚。

上海市是中国集聚 RHQ 最多的另外一座城市，主要集聚于浦东新区、静安区、虹口区、黄浦区等，对 RHQ 实施认定管理。浦东新区的集聚规模居上海市乃至全国之首，陆家嘴、金桥、张江、保税区等一些重点区域显现出集聚功能。静安区的总部数量快速增长，总部产业带动效应逐步显现。虹口区以北外滩为核心建立航运服务总部集聚区。黄浦区内服务经济、楼宇经济、涉外经济特征明显，为其凝心聚力集聚高端产业 RHQ 创造了条件。徐汇区和长宁区也都有不同程度的 RHQ 集聚。

广东省是中国的改革开放前沿，也是吸引 RHQ、发展总部经济的大省，主要集聚于广州市、深圳市、珠海市、汕头市、佛山市等。广州市的 RHQ 集聚区在向总部经济集聚带转变，由此引发了一系列大型项目落户广州市。深圳市以集聚跨国公司中国地区总部为主，前景将持续看好。珠海市在相关政策吸引下，RHQ 集聚状况得到改善。汕头市努力吸引国内外企业投资，设立各类总部。佛山市则是以民营

---

③　长沙市商务局. 岳麓峰会上，湖南省委书记杜家毫发出邀约：欢迎国内外知名互联网企业将第二总部落户长沙 [EB/OL]. [2019-03-18]. http://swt.hunan.gov.cn/hnswt/szsw/zsssswj/swdt_81815/201804/t20180408_4985135.html.

企业为核心，RHQ 集聚偏弱。

江苏省是中国集聚 RHQ 靠前的省份，主要集聚于南京市、苏州市、无锡市、常州市等，对 RHQ 实施认定管理。南京市以集聚外商投资性机构和研发中心为主。苏州市以集聚技术研发中心为主。无锡市以集聚电子科技类 RHQ 为主。常州市以集聚制造业 RHQ 和功能性机构为主。

在其他省市中，福建省以厦门市为主，厦门市着力发展海西总部经济集聚地；湖北省以武汉市为主，不仅外资总部经济逐步显现，而且国内企业第二总部等集聚武汉市；天津市对 RHQ 实施认定管理，以疏解非首都功能为契机，依托自贸试验区、滨海新区，发展总部经济，滨海新区总部项目不断落户，跨国公司研发中心和 RHQ 入驻；湖南省以长沙市为主吸引跨国公司中国运营中心、跨国公司湖南地区总部、国内大型企业第二总部等各类总部企业，重点吸引国内外互联网企业各类 RHQ、功能性机构和第二总部。

第3章　集聚原因

RHQ集聚于中国的原因源于微观和宏观两个角度。从微观角度来讲，RHQ集聚于中国主要缘于跨国公司自身的发展战略布局；从宏观角度来讲，世界市场竞争程度变得更为激烈，刺激中国不断增强自身竞争力，推动中国政府努力改善自身营商环境，并制定相应的优惠政策。从某种程度上来讲，宏观原因可以影响微观原因，因此本书更关注宏观原因。

3.1　中国①竞争力不断增强

中国竞争力表现良好，奠定了RHQ集聚中国的坚实基础。瑞士洛桑国际管理发展学院（IMD）的《世界竞争力年报》（World Competitiveness Yearbook）既包括综合竞争力排名，也包括经济表现、政府效率、企业效率和基础设施等子项目的竞争力排名，然后

---

① 本章所提及的"中国"经济数据不包括中国香港、澳门、台湾地区的数据。

按照研发质量、资本市场流动性、高速宽带互联网的国内渗透等维度进行国家排名；2017年进一步增加了数字竞争力排名（digital competitiveness ranking）。

3.1.1 综合竞争力上升

IMD《世界竞争力年报》历年研究结果显示，中国内地的综合竞争力正在上升（如图3-1所示）。

从排名位次来看，中国内地的综合竞争力1997—2005年位于第21~29位之间；2006年出现跳跃式上升，至第18位，比上年上升了11位；2007年继续承袭上升趋势，至第15位；2008—2016年在波动之中连续下降，2016年至第25位；2017—2018年连续两年上升。

从历年得分情况来看，中国内地的综合竞争力1997—2003年在53~66分之间；2004年突破70分，为70.72分；2005年回落到63.22分；2006年再次回升到70分以上，一直到2009年一直保持在70分以上；2010年历史性地突破80分，达到80.18分；2011年继续上升到81.10分；2012年出现回落，到75.77分，一直到2016年，都处于70~80分之间；2017年再次回升到80分以上，为87.76分；2018年继续上升到89.03分。

2018年，中国内地的综合竞争力得分为89.03，连跳5级，至第13位，是历年得分最高的一年，也是历年排名最好的一年（如图3-2所示）。居于中国内地前面的国家和地区包括美国、中国香港、新加坡、荷兰、瑞士、丹麦、阿拉伯联合酋长国、挪威、瑞典、加拿大、卢森堡以及爱尔兰，它们的得分在100~92.15分之间依次下降。中国内地与居于第12位的爱尔兰相差3.12分。中国内地已经超越英国（第20位）、德国（第15位）、法国（第28位）、日本（第25位）、澳大利亚（第19位）等传统大国。在亚洲，中国内地已经稳列第4位，仅次于中国香港（总积分99.16）、新加坡（总积分98.55）和阿拉伯联合酋长国（总积分95.66）。①

---

① 瑞士洛桑国际管理发展学院. 世界竞争力在线资料［EB/OL］. ［2019-03-18］. https://worldcompetitiveness.imd.org/rankings/WCY.

年份（排名）

2018（13）89.03
2017（18）87.76
2016（25）79.35
2015（22）76.99
2014（23）73.26
2013（21）77.04
2012（23）75.77
2011（19）81.10
2010（18）80.18
2009（20）76.59
2008（17）73.76
2007（15）79.48
2006（18）71.55
2005（29）63.22
2004（22）70.72
2003（27）60.92
2002（28）53.68
2001（26）58.33
2000（24）65.19
1999（29）61.08
1998（21）56.26
1997（27）60.30

0.00　20.00　40.00　60.00　80.00　100.00
得分

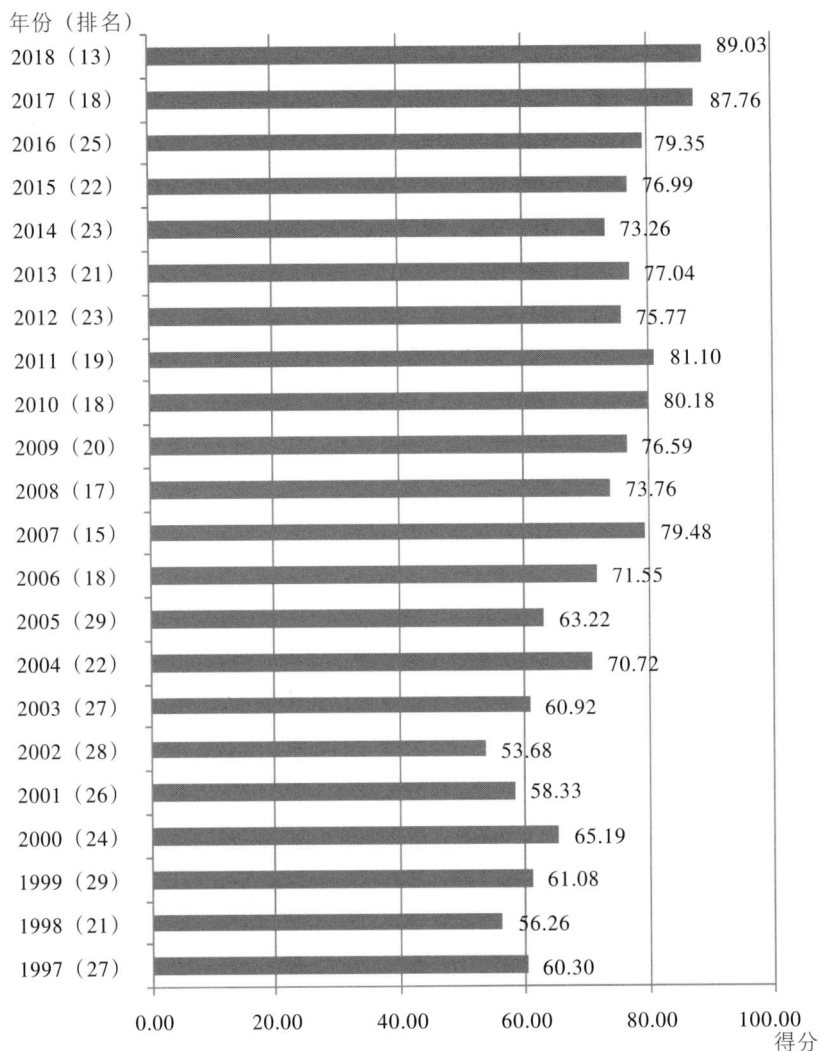

图 3-1　1997—2018 年中国内地综合竞争力得分与排名

资料来源　根据以下资料整理绘制：瑞士洛桑国际管理发展学院. 世界竞争力在线资料［EB/OL］.［2019-03-18］. https://worldcompetitiveness.imd.org/customsearchresults/consolidatedresult.

中国内地综合竞争力显著提升，主要缘于两大指标改善：

①对硬件及软件基础设施投资加大；

②政府规章进一步简化，提升了营商效率。

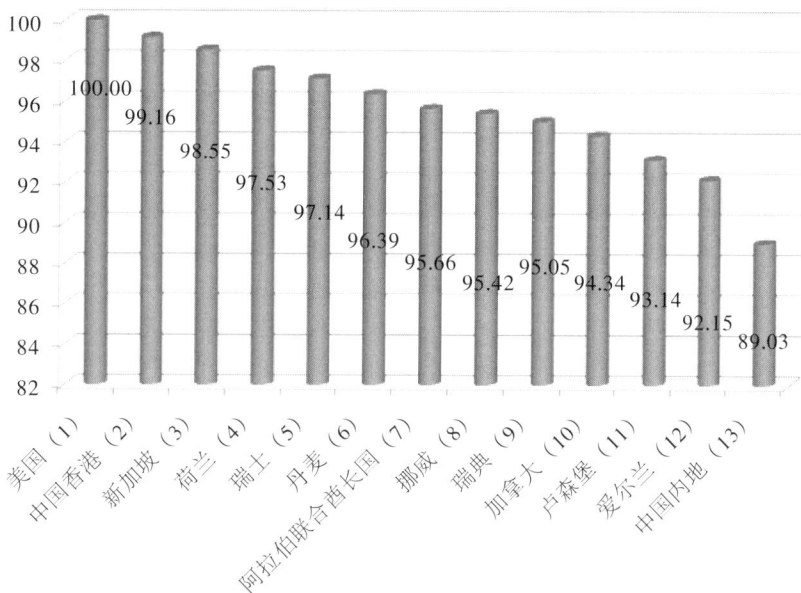

注：括号中数字表示2018年各国和地区综合竞争力排名。

图3-2　2018年综合竞争力排名前13位国家和地区的得分情况

3.1.2　经济表现位于前列

在经济表现方面，中国内地一直居于前位（如图3-3所示）。

从历年排名来看，中国内地一直居于参与排名的63个国家和地区的前5位行列之中，特别是2004年、2007—2009年、2017—2018年期间表现最佳，居于第2位。

从历年得分情况来看，1997—2018年，中国内地总体呈现波动中上升的趋势。其间，只有1997—1999年得分为60分以下；2001—2002年以及2014—2015年得分介于60~70分；2000年、2003—2006年、2008—2009年、2012—2013年得分介于70~80分，这个分数段的年份占比最多，共计9年；2007年、2010—2011年以及2016年得分介于80~90分；2017—2018年得分高于90分。

2018年，中国内地得分为90.36分，仅次于美国之后，居于第2位，比居于第3位的阿拉伯联合酋长国高3.48分，也是除美国之外唯

年份（排名）

2018（2）	90.36
2017（2）	91.93
2016（3）	83.19
2015（4）	69.42
2014（5）	64.92
2013（3）	78.97
2012（3）	79.78
2011（3）	83.77
2010（3）	89.79
2009（2）	75.20
2008（2）	78.19
2007（2）	83.45
2006（3）	73.00
2005（3）	70.94
2004（2）	79.24
2003（3）	73.92
2002（4）	66.74
2001（5）	67.95
2000（4）	70.81
1999（4）	55.73
1998（3）	55.97
1997（4）	56.70

0.00   20.00   40.00   60.00   80.00   100.00
　　　　　　　　　　　　　　　　　　　　　得分

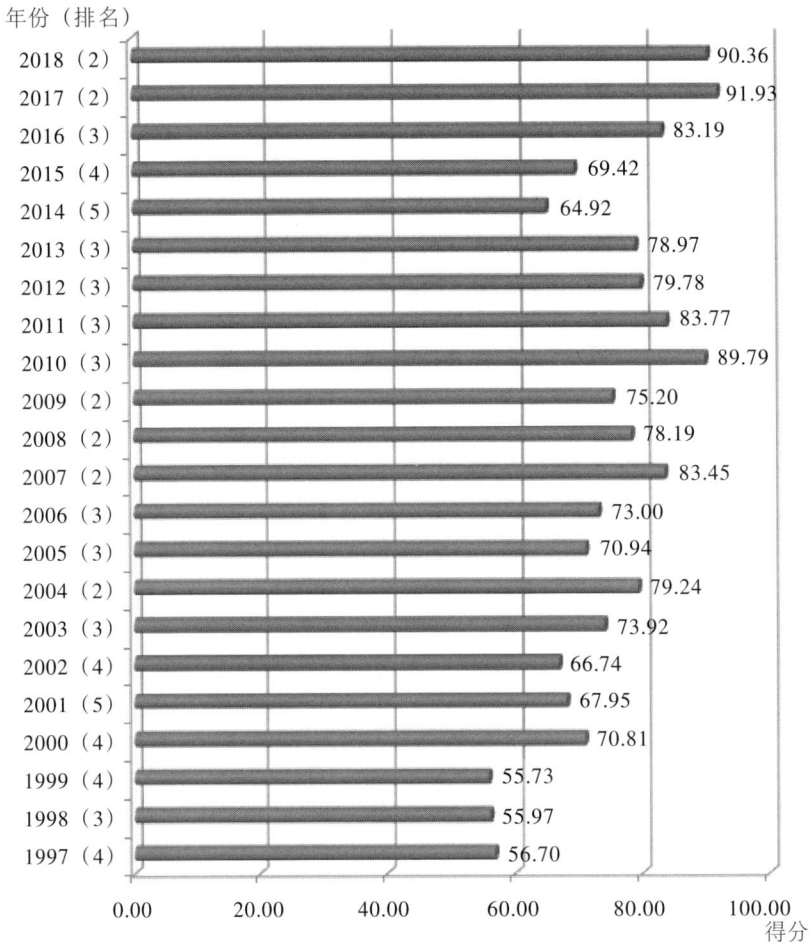

图3-3　1997—2018年中国内地经济表现的得分与排名

资料来源　根据以下资料整理绘制：瑞士洛桑国际管理发展学院. 世界竞争力在线资料［EB/OL］.［2019-03-18］. https://worldcompetitiveness.imd.org/customsearchresults/consolidatedresult.

——一个得分高于90分的国家；得分介于80~90分的国家和地区包括阿拉伯联合酋长国（86.88分）、卢森堡（84.40分）、卡塔尔（82.67分）、荷兰（80.13分）、新加坡（80.00分）；低于80分且高于70分的国家和地区有马来西亚（77.32分）、中国香港（76.50分）、泰国（76.19分）、爱尔兰（75.38分）、德国（71.91分）、加拿大（70.03

分）（如图3-4所示）。

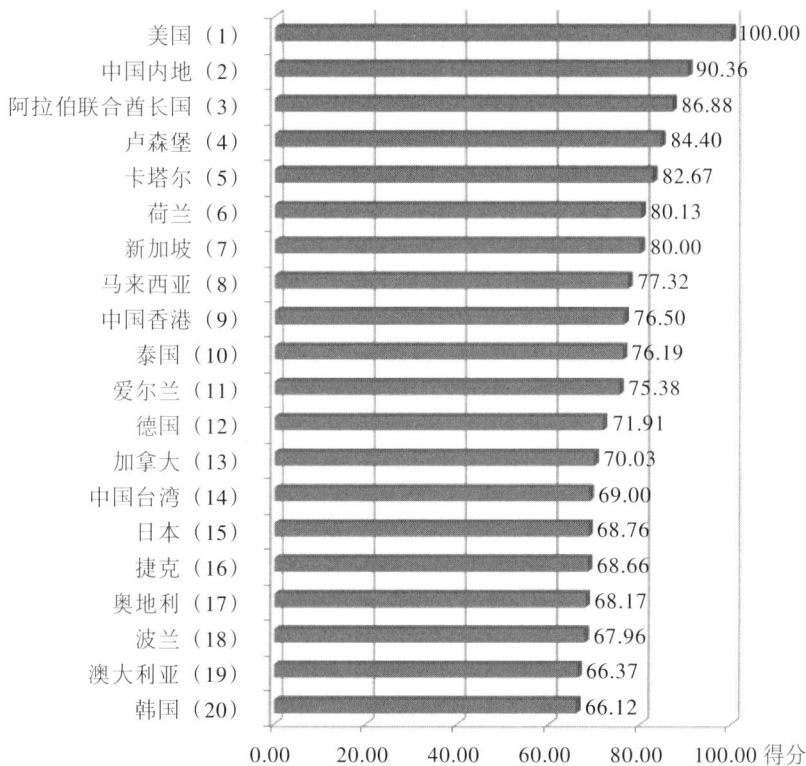

图3-4 2018年经济表现前20位的国家和地区的得分与排名

注：括号中数字表示2018年各国和地区的经济表现排名。

资料来源 根据以下资料整理绘制：瑞士洛桑国际管理发展学院. 世界竞争力在线资料［EB/OL］.［2019-03-18］. https://worldcompetitiveness.imd.org/customsearchresults/consolidatedresult.

3.1.3 数字竞争力潜力巨大

中国在数字竞争力方面颇具潜力。数字竞争力通过引入一些新标准来衡量地区采用和探索数字技术的能力，从而引导商业模式和整个社会的转型。这些新标准有50个，最后归纳为经济体在数码知识、技术和未来准备这三大分类的评分。

从总得分排名来看，中国在63个国家和地区中处于中游位置，属于稳定上升状态。2014—2018 年，中国由第 38 位上升至第 30 位。其中，2015 年排在第 33 位，较 2014 年上升 5 位；2016 年回落 2 位至第 35 位；2017 年和 2018 年分别上升至第 31 位和第 30 位（如图 3-5 所示）。在亚太地区中，中国一直居于第 9 位。

图 3-5　2014—2018 年中国数字竞争力排名

资料来源　瑞士洛桑国际管理发展学院. 世界竞争力在线资料［EB/OL］.［2019-03-18］. https://worldcompetitiveness.imd.org/countryprofile/CN/digital.

从数码知识、技术和未来准备 3 个分类的得分排名来看，中国未来的发展潜力巨大（如图 3-6 所示）。

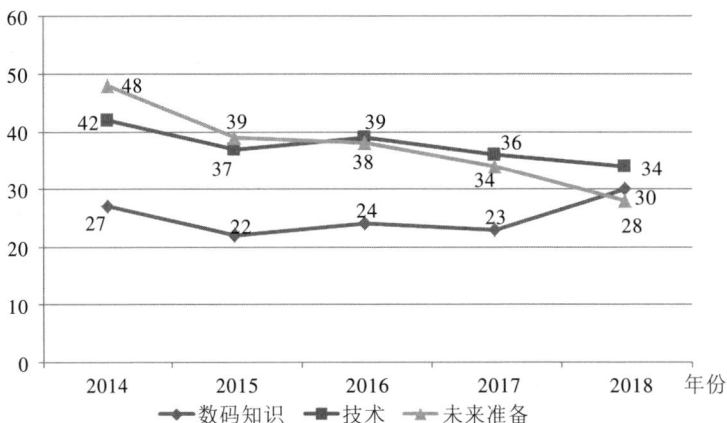

图 3-6　2014—2018 年中国数字竞争力 3 个分类项排名

资料来源　瑞士洛桑国际管理发展学院. 世界竞争力在线资料［EB/OL］.［2019-03-18］. https://worldcompetitiveness.imd.org/countryprofile/CN/digital.

2014—2018年，中国在数码知识方面的排名先升后抑，2018年为第30位，比2017年下降7位，比2015年排名最好的第22位下降8位。

中国在技术和未来准备方面的排名基本上处于不断上升态势。

中国在技术方面的排名在2014年和2016年出现两次低点，分别为第42位和第39位；2015年为第37位，较2014年上升5位；2016年较2015年回落2位；2017年和2018年连续2年上升，分别为第36位和第34位。

未来准备是中国表现最好的一个分类，2014—2018年一直处于不断上升状态，2018年升到第28位，较2014年上升了14位。

数码知识排名回落，说明中国有关数码知识方面还需要进一步普及与加强；与此相对，技术与未来准备出现的上升态势，充分说明中国在数字经济方面所作的不懈努力的效果正在显现，未来发展潜力巨大。

3.2 中国营商环境持续改善

营商环境是反映一个国家或地区经济发展和社会治理的综合指标，涵盖了几乎所有变量，是一个国家或地区深入有效地开展国际交流与合作、积极参与国际竞争的重要依托，也是进一步提高其国际竞争力的重要组成部分。为进一步吸引RHQ以及各类功能性机构，中国各级政府都在积极努力改善营商环境，且已经得到持续改善。营商环境既可侧重于政府服务（世界银行报告），也可以侧重于政府廉洁（中国人民大学国发院报告）。因此，本书将从政府服务（营商效率）和政府廉洁（新型政商关系）两个方面讨论中国营商环境的改善。

3.2.1 营商效率不断提高[①]

2018年10月31日，世界银行发布的《2019年营商环境报告：为

---

① 张煜，李晔，李蕾，等. 世行营商环境报告：中国排名提升32位，首次进入世界前50！［EB/OL］.［2019-03-18］. http://www.sohu.com/a/272688664_682144.

改革而培训》显示，中国营商环境持续改善，在全球的排名已经从
2017年的第78位跃升到2018年的第46位，提升32位，首次进入世
界前50位，同时位列2018年营商环境改善排名前10位的经济体之
一。中国营商环境的持续改善主要表现为营商效率的不断提高以及新
型政商关系的构建。

世界银行营商环境项目诞生于2003年，基于开办企业、办理施
工许可证、获得电力、登记财产、获得信贷、保护少数投资者、纳
税、跨境贸易、执行合同和办理破产等方面监测全球190个经济体的
营商环境。在中国主要监测北京和上海两个城市，北京市统计权重占
45%，上海市占55%。

2018年中国营商环境出现跃升的状态，主要因为中国在"开办
企业""获得电力"两个领域的营商环境获得显著改善（见表3-1）。
除此之外，2018年，以北京市和上海市为代表的中国主要城市还在
"办理施工许可证""纳税""跨境贸易""登记财产""保护少数投资
者"5个方面进行了有效的改革，为培育创新和私营企业的发展提供
了更好的营商环境。

表3-1　2017—2018年中国营商环境主要项目类别的排名情况

项目类别	2017年排名	2018年排名	上升幅度	变化幅度排名
开办企业	93	28	65	2
获得电力	98	14	84	1
办理施工许可证	172	121	51	3
纳税	130	114	16	5
跨境贸易	97	65	32	4

资料来源　根据以下资料整理：张煜，李晔，李蕾，等. 世行营商环境报
告：中国排名提升32位，首次进入世界前50！［EB/OL］.［2019-03-18］.
http://www.sohu.com/a/272688664_682144.

①在"开办企业"方面，中国通过推出网上注册系统和简化社会
保障登记流程，使"开办企业"更便利。该指标全球排名由2017年

的第 93 位上升至 2018 年的第 28 位，大幅提升 65 位。

②在"获得电力"方面，中国通过网络扩容和提供全免费的接电服务，以及推出面向客户的手机 App，使接电时间从 143 天缩短为 34 天。该指标排名从 2017 年的第 98 位跃至 2018 年的第 14 位，大幅上升 84 位。

③在"办理施工许可证"方面，中国不仅通过简化申办施工许可、竣工验收流程和新建筑的不动产登记使"办理施工许可证"更便利，还改善了公众获取信息的方式，对建筑施工专业人员实行了更严格的资质要求，从而加强了建筑质量控制。该指标从 2017 年的第 172 位上升至 2018 年的第 121 位。

④在"纳税"方面，中国通过取消营业税以及实施多项行政管理改革缩短纳税合规时间。纳税次数由 9 次减少到 7 次；纳税时间在 2017 年提速 20% 的基础上，再次提速 30%，减少 65 小时，为 142 小时/年。该指标排名由 2017 年的第 130 位上升至 2018 年的第 114 位。

⑤在"跨境贸易"方面，中国通过实施"单一窗口"，取消行政性收费，增强透明度并鼓励竞争，压缩了"跨境贸易"的时间和成本，其中，进口的边境合规成本从 745 美元降低到 326 美元。《2019年营商环境报告：为改革而培训》特别指出，由于中国在改善"跨境贸易"营商环境方面所作出的努力，该指标的全球排名由 2017 年的第 97 位上升至 2018 年的第 65 位，提升 32 位。

⑥在"登记财产"方面，中国通过简化管理程序以及增强土地管理系统的可靠性和透明度，使"登记财产"更便利。

⑦在"保护少数投资者"方面，中国通过加强股东在公司重大决策中的权利和作用，明晰所有权和控制结构，以及要求对股东产生的法律费用给予报销，使"保护少数投资者"得到加强。

3.2.2 新型政商关系的构建

近年来，新型政商关系备受重视，得到从国家领导人到学者们越来越多的关注，直接导致营商环境持续改善。

（1）新型政商关系的基本思想

习近平同志深刻阐述了新型政商关系。他认为新型政商关系概括起来就是"亲""清"两个字。

对领导干部而言，所谓"亲"，就是要坦荡真诚地同民营企业接触交往，特别是在民营企业遇到困难和问题的情况下更要积极作为、靠前服务，对非公有制经济人士多关注、多谈心、多引导，帮助解决实际困难；所谓"清"，就是同民营企业家的关系要清白、纯洁，不能有贪心、私心，不能以权谋私，不能搞权钱交易。

对民营企业家而言，所谓"亲"，就是积极主动同各级党委和政府部门多沟通、多交流，讲真话，说实情，建诤言，满腔热情支持地方发展；所谓"清"，就是要洁身自好、走正道，做到遵纪守法办企业、光明正大搞经营。[①]

（2）新型政商关系的衡量[②]

从学界来看，2018年2月26日，中国人民大学国家发展与战略研究院政企关系与产业发展研究中心对外发布《中国城市政商关系排行榜2017》，认为政商关系反映了营商环境的关键内涵，可以从"亲""清"两个维度评价新型政商关系，并对它们进行细分和具体化。

"亲"，关注的是政府的亲商政策，主要反映了李克强同志指出的"要以简政减税减费为重点进一步优化营商环境"。3个一级指标分别是政府对企业的关心、政府为企业提供的各类服务、政府降低企业税费负担。

"清"，关注的是政府对企业的信息公开，以及政府对企业的廉洁奉公。两个一级指标是政府廉洁和政府透明。

《中国城市政商关系排行榜2017》的结论是：在全国各城市中，政商关系健康指数排名前10名分别为东莞市、深圳市、上海市、北

① 党建网微平台. 习近平提"亲""清"二字的历史渊源 [EB/OL]. [2019-03-18]. http://theory.people.com.cn/n1/2016/0313/c40531-28195149.html.
② 聂辉华，韩冬临，马亮，等. 中国城市政商关系排行榜2017 [R]. 中国人民大学国家发展与战略研究院政企关系与产业发展研究中心.

京市、广州市、金华市、苏州市、温州市、邢台市、长沙市。除去直辖市北京，前10名的城市几乎都处于东南沿海地区，只有邢台市是唯一的华北城市。按省份归属，浙江省表现最为亮眼，其所辖城市有5个，即金华市、温州市、杭州市、嘉兴市、台州市，遥遥领先于其他省份（见表3-2）。

表3-2　　2017年中国城市政商关系健康指数排行榜（前20名）

排　名	城　市	政商关系健康指数
1	东莞	100.00
2	深圳	98.48
3	上海	96.27
4	北京	88.50
5	广州	88.37
6	金华	86.08
7	苏州	84.23
8	温州	83.69
9	邢台	82.23
10	长沙	82.21
11	福州	81.52
12	成都	81.07
13	合肥	80.65
14	沧州	79.15
15	杭州	79.14
16	珠海	75.28
17	郑州	72.17
18	嘉兴	71.88
19	台州	70.01
20	西安	69.13

从各大区域来看，华东地区的政商关系健康指数表现最佳，其次是华北地区、华南地区，上述3个地区都优于平均水平。相对来讲，西南地区、西北地区的表现落后（见表3-3）。

表3-3　　　2017年中国各大区政商关系健康指数比较

大区	政商关系健康指数	亲近指数	清白指数	城市数量
华东	48.37	35.60	65.99	67
华北	42.77	31.75	61.11	31
华南	42.62	31.04	61.84	37
东北	35.99	27.17	55.07	32
华中	32.95	26.81	49.93	53
西南	32.90	21.78	57.05	34
西北	32.64	21.35	57.17	31
平均/合计	39.20	28.81	58.68	285

从各省份比较来看，在中国31个省（自治区、直辖市）中，上海市的政商关系健康指数排名第一，北京市其次，浙江省在各省中排名第一。此外，河北省、天津市、福建省、海南省、江苏省、广东省、山东省居前10名。除北京市、天津市外，河北省成为进入前10名的唯一华北省份（如图3-7所示）。

从行政级别来看，城市的行政级别越高，政商关系健康指数的得分越高（见表3-4）。从经济水平来看，政商关系越是健康的地方，经济发展水平也越高。

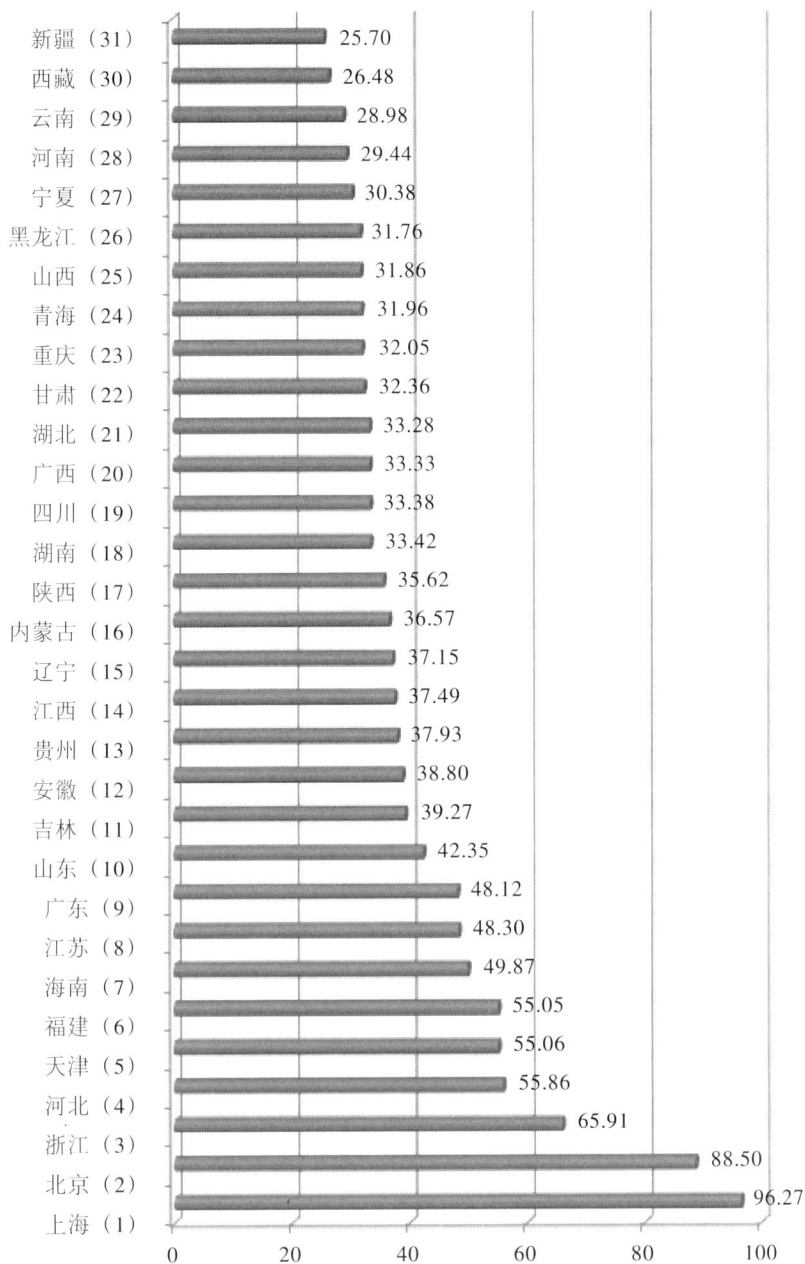

新疆（31）　25.70

西藏（30）　26.48

云南（29）　28.98

河南（28）　29.44

宁夏（27）　30.38

黑龙江（26）　31.76

山西（25）　31.86

青海（24）　31.96

重庆（23）　32.05

甘肃（22）　32.36

湖北（21）　33.28

广西（20）　33.33

四川（19）　33.38

湖南（18）　33.42

陕西（17）　35.62

内蒙古（16）　36.57

辽宁（15）　37.15

江西（14）　37.49

贵州（13）　37.93

安徽（12）　38.80

吉林（11）　39.27

山东（10）　42.35

广东（9）　48.12

江苏（8）　48.30

海南（7）　49.87

福建（6）　55.05

天津（5）　55.06

河北（4）　55.86

浙江（3）　65.91

北京（2）　88.50

上海（1）　96.27

注：括号中的数字表示城市排名。

图3-7　2017年中国各省（自治区、直辖市）政商关系健康指数排名

表3-4 2017年中国城市级别与政商关系

行政级别	政商关系健康指数	亲近指数	清白指数	城市数量
直辖市	67.97	51.10	80.23	4
副省级城市	61.30	51.30	67.53	15
省会城市	54.93	44.35	65.66	17
地级市	36.33	26.04	57.33	249
合计	39.20	28.81	58.68	285

亲近指数排在前10名的城市为东莞市、深圳市、上海市、苏州市、长沙市、合肥市、金华市、广州市、福州市、邢台市（如图3-8所示）。政商亲近关系整体呈现为沿海高于内陆的局面，上海市、北京市和海南省居前3名，广西壮族自治区、新疆维吾尔自治区和云南省居末位。从经济水平来看，经济发展程度与省级政商关系亲近程度正相关。

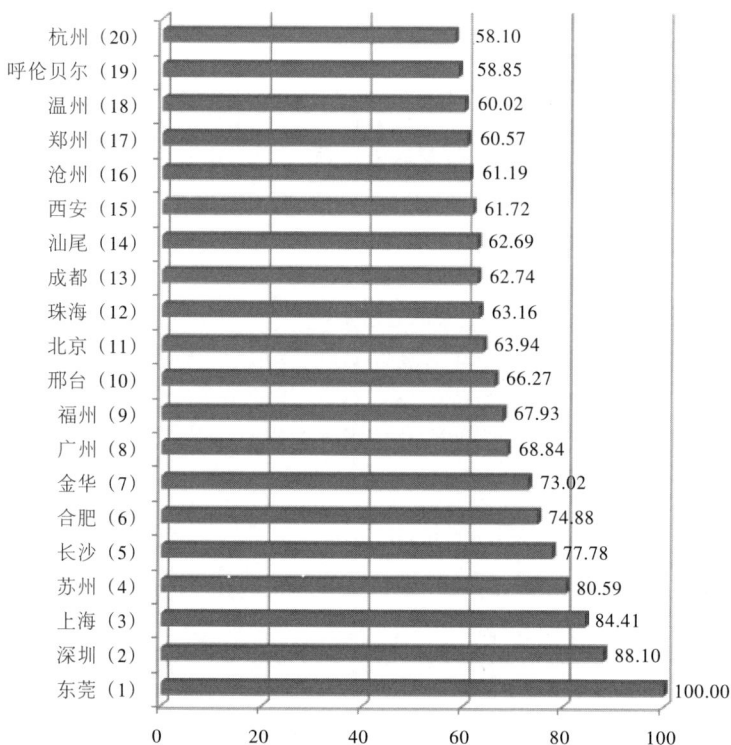

城市	数值
杭州（20）	58.10
呼伦贝尔（19）	58.85
温州（18）	60.02
郑州（17）	60.57
沧州（16）	61.19
西安（15）	61.72
汕尾（14）	62.69
成都（13）	62.74
珠海（12）	63.16
北京（11）	63.94
邢台（10）	66.27
福州（9）	67.93
广州（8）	68.84
金华（7）	73.02
合肥（6）	74.88
长沙（5）	77.78
苏州（4）	80.59
上海（3）	84.41
深圳（2）	88.10
东莞（1）	100.00

注：括号内的数字表示城市排名。

图3-8 2017年中国亲近指数前20名的城市

清白指数排在前10名的城市是北京市、温州市、潍坊市、鞍山市、广州市、台州市、聊城市、杭州市、石家庄市、成都市（如图3-9所示）。东部沿海城市的清白指数明显高于内陆地区。北京市、上海市和浙江省居前3名，青海省、河南省和西藏自治区居末位。

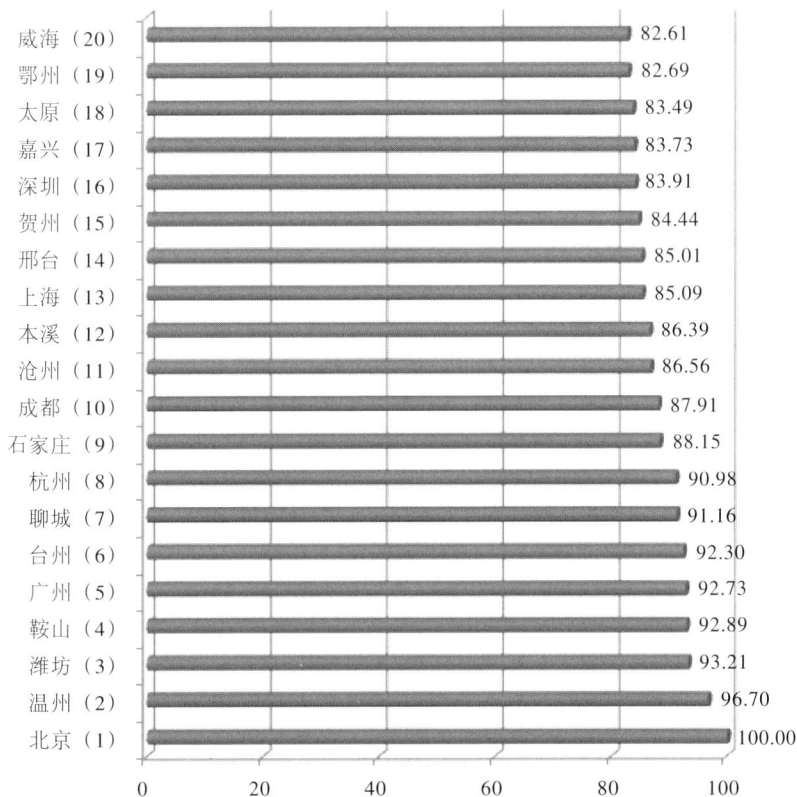

城市	清白指数
威海（20）	82.61
鄂州（19）	82.69
太原（18）	83.49
嘉兴（17）	83.73
深圳（16）	83.91
贺州（15）	84.44
邢台（14）	85.01
上海（13）	85.09
本溪（12）	86.39
沧州（11）	86.56
成都（10）	87.91
石家庄（9）	88.15
杭州（8）	90.98
聊城（7）	91.16
台州（6）	92.30
广州（5）	92.73
鞍山（4）	92.89
潍坊（3）	93.21
温州（2）	96.70
北京（1）	100.00

注：括号内的数字表示城市排名。

图3-9　中国清白指数前20名的城市

总体来看，《中国城市政商关系排行榜2017》结论显示，新型政商关系在沿海地区更优一些。沿海地区是集聚RHQ以及各类功能性机构最多的区位。因此，可以推知，新型政商关系具有优势的区位更能集聚RHQ以及各类功能性机构；反过来，RHQ以及各类功能性机构集聚某个区位，可以助推新型政商关系，进而改善营商环境。

3.3　优惠政策的引致作用

中国35个主要城市的总部经济发展能力并不一致，即总部经济发展能级存在差异。对总部经济发展能力的评价基于5个一级指标、15个二级指标、50个三级指标共同构成的指标体系。

一级指标包括基础条件、商务设施、研发能力、服务环境、开放程度等五大要素。

二级指标包括：

①基础条件，包括经济实力、总部资源、基础设施、社会基础、人口与就业、环境质量6个二级指标；

②商务设施，包括商务基本设施和信息基础设施2个二级指标；

③研发能力，包括人才资源、研发投入、科技成果3个二级指标；

④服务环境，包括专业服务、公共服务2个二级指标；

⑤开放程度，包括区域开放、国际开放2个二级指标。[①]

依据上述指标体系，中国35个主要城市的总部经济发展能力大概可以划分为4个能级：

①第一能级：综合得分为70分以上，但不包括70分。

②第二能级：综合得分处于50～70分，不包括50分，包括70分。

③第三能级：综合得分为40～50分，不包括40分，包括50分。

④第四能级：综合得分低于40分，包括40分。

尽管城市能级不同，但是它们依据各自的区位优势，先后出台了相应的优惠政策。这些优惠政策成为集聚RHQ的主要原因之一。

3.3.1　第一能级城市的优惠政策

第一能级城市包括4个城市：北京市、上海市、深圳市和广州市。处于该能级的4座城市的总部经济发展能力强劲，集聚RHQ、发

---

① 赵弘. 中国总部经济蓝皮书——中国总部经济发展报告（2014—2015）［M］. 北京：社会科学文献出版社，2015：56.

展总部经济的优势明显。它们不仅在吸引RHQ以及各类功能性机构方面具有较强优势，而且是中国境内最早意识到通过制定出台相关优惠政策吸引RHQ以及各类功能性机构的城市。

第一能级城市的优惠政策（见表3-5）的特点是：

表3-5 　　　　　　第一能级城市出台的部分相关优惠政策

城市	政　　策	出台部门和年份
北京	关于鼓励跨国公司在京设立地区总部的若干规定（已废止）	京政发〔1999〕4号
	关于鼓励跨国公司在京设立地区总部的若干规定（修订）	京政发〔2009〕15号
	关于鼓励跨国公司在京设立地区总部的若干规定实施办法（已废止）	京商务资字〔2009〕351号
	关于鼓励跨国公司在京设立地区总部的若干规定实施办法（修订）	京商务资字〔2016〕3号
	加快总部企业在京发展工作意见	京政发〔2013〕29号
	关于促进总部企业在京发展的若干规定实施办法	京商务总部字〔2016〕4号
	关于进一步做好总部企业知识产权工作促进总部经济创新发展的若干措施	京商务总部字〔2018〕4号
上海	上海市鼓励外国跨国公司设立地区总部的暂行规定（已废止）	沪府发〔2002〕24号
	上海市鼓励跨国公司设立地区总部的规定（已失效）	沪府办发〔2008〕28号
	上海市鼓励跨国公司设立地区总部的规定（修订）（已失效）	沪府办发〔2011〕98号
	上海市鼓励跨国公司设立地区总部的规定实施意见的补充规定	沪商外资〔2014〕348号
	上海市鼓励跨国公司设立地区总部的规定（修订）	沪府发〔2017〕9号

续表

城市	政　策	出台部门和年份
广州	广州市鼓励外商投资设立总部和地区总部的规定（已废止）	穗府办〔2006〕34号
	关于加快发展总部经济的实施意见（已失效）	穗府〔2010〕2号
	关于加快发展总部经济实施意见配套文件（已失效）	穗府办〔2010〕75号
	关于进一步加强招商引资促进产业转型升级的指导意见	穗府〔2011〕15号
	加快发展总部经济实施意见及配套文件（已失效）	穗府〔2013〕14号
	关于进一步加快广州总部经济发展的若干措施	穗府办〔2015〕8号
	广州市促进总部经济发展暂行办法	穗府办规〔2018〕9号
深圳	关于加快总部经济发展的若干意见	深府〔2008〕1号
	关于加快总部经济发展的若干意见实施细则（试行）	深府办〔2008〕96号
	深圳市鼓励总部企业发展实施办法	深府规〔2017〕7号

资料来源　第一能级城市市政府、市政府办公厅、相关管理部门的官网。

①吸引对象主要集中于跨国公司各类RHQ，涵盖亚太地区总部、大中华地区总部、中国地区总部、华南地区总部等。其中前两者主要集中于北京市和上海市，后两者特别是华南地区总部主要集中于广州市和深圳市。

②优惠政策的内容尽可能全面，而且各城市的内容大致相同。各城市尽可能全面地制定相关优惠政策，而且优惠政策涵盖的关键内容

大体一致，基本上涵盖RHQ的认定条件、补助和奖励、人才引进等方面。不过具体内容还是存在较大差异，这主要源自于各城市的定位差异。

③从单纯鼓励RHQ入驻，逐渐向相关配套政策扩展。比如北京市，不仅出台了《关于鼓励跨国公司在京设立地区总部的若干规定》，而且连续出台了《加快总部企业在京发展工作意见》《关于进一步做好总部企业知识产权工作促进总部经济创新发展的若干措施》等政策。以北京市为代表的第一能级城市已经从最初鼓励RHQ入驻向如何保护RHQ的权益转变，即向进一步改善营商环境转变。

④出台早，而且及时修订鼓励RHQ入驻的相关政策。第一能级城市是国内最早出台RHQ入驻优惠政策的城市，如北京市是1999年出台国内第一个吸引RHQ入驻优惠政策的城市。不仅如此，随着时间推移，国内外环境均不断发生变化，原有的政策已经不太适合RHQ入驻需求，因此有必要对已有的优惠政策进行及时修订。截至2018年11月，第一能级城市已经针对相关政策进行了数次修订，如上海市已经废止沪府发〔2002〕24号、沪府办发〔2008〕28号、沪府办发〔2011〕98号等优惠政策。

⑤各城市所辖区、县级市、县大多分别出台了相关优惠政策。比如，深圳市下辖的南山区、大鹏新区、福田区、罗湖区、龙华区、龙岗区等都先后出台了鼓励总部企业发展的相关政策或实施办法。

3.3.2　第二能级城市的优惠政策

第二能级城市包括9个城市：杭州市、天津市、成都市、青岛市、武汉市、南京市、重庆市、西安市和宁波市。该能级城市总部经济的总体发展能力优势比较明显，但各个分项指标存在一定程度的不均衡状况。换一个角度来看，第二能级城市各具特色与优势。因此，它们应当在充分发挥自身优势和特色的基础上，一方面结合实际发展情况逐渐且有效改善相对薄弱的方面，有效弥补短板，不断提高发展总部经济的综合实力；另一方面则利用现有特色与优势，吸引相应的RHQ以及相关的功能性机构。

第二能级城市的优惠政策（见表3-6）的特点是：

表3-6 　　　　　　　第二能级城市出台的相关优惠政策

城市	政　策	出台部门和年份
杭州	关于加快总部经济发展的若干意见（试行）	杭政〔2007〕8号
	关于加快总部经济发展的补充意见	杭政办〔2009〕15号
天津	天津市促进企业总部和金融业发展优惠政策	津财金〔2006〕6号
	天津市鼓励跨国公司设立地区总部及总部型机构的若干规定	津商务资管〔2017〕15号
	天津市鼓励跨国公司地区总部及总部型机构发展专项资金使用和管理办法	津商务资管〔2018〕10号
成都	鼓励境内外大型企业在蓉设立总部和地区总部的实施办法（试行）（已废止）	成办发〔2009〕41号
	成都市工业总部经济发展管理办法（试行）	成办发〔2011〕109号
	成都市总部经济发展支持政策	成办发〔2013〕60号
	关于加快总部经济发展做强国家中心城市核心功能支撑的意见	成府函〔2018〕13号
青岛	青岛市人民政府关于加快总部经济发展的意见	青政发〔2009〕5号
	青岛市"十二五"总部经济发展规划纲要	青政办发〔2011〕29号
	青岛市商务发展第十三个五年（2016—2020年）规划纲要	青岛市商务局，2016年11月4日
	青岛市促进总部经济发展扶持政策实施细则	青招促字〔2018〕4号
武汉	关于加快我市总部经济发展的若干意见	武政〔2009〕16号
	关于促进经济加快发展的若干意见	武政规〔2014〕14号
	关于进一步支持总部经济发展的政策措施	武政规〔2016〕29号

续表

城市	政　　策	出台部门和年份
南京	南京市鼓励境内外大型企业设立总部或地区总部的暂行规定	宁政发〔2007〕46号
	南京市市级总部经济发展专项资金管理办法	宁政规字〔2013〕6号
重庆	关于加快总部经济发展的意见	渝府办发〔2018〕38号
西安	西安市支持总部企业发展若干政策	市政办发〔2018〕30号
宁波	关于加快总部经济发展的实施意见	甬政发〔2010〕91号

资料来源　第二能级城市市政府、市政府办公厅、相关管理部门的官网。

①出台时间相对晚于第一能级城市，但是发展势头让人惊奇。比如，青岛市2009年出台《关于加快总部经济发展的意见》之后，又于2011年发布《青岛市"十二五"总部经济发展规划纲要》。该规划纲要早于2012年出台的《广州市总部经济发展规划》。

②大部分城市以鼓励吸引国内外大型企业各类RHQ为主，如华中地区总部、华北地区总部、西南地区总部、西北地区总部等。

③配套政策逐步出台。比如天津市于2006年出台《促进企业总部和金融业发展优惠政策》之后，于2017年出台了《鼓励跨国公司设立地区总部及总部型机构的若干规定》，且于2018年出台《鼓励跨国公司地区总部及总部型机构发展专项资金使用和管理办法》。

④多座城市专门设立了专项资金使用和管理办法，即专项资金支持，如天津市、南京市等。

3.3.3　第三能级城市的优惠政策

第三能级城市包括7个城市：长沙市、厦门市、沈阳市、大连市、济南市、郑州市和合肥市。其中，长沙市、厦门市和沈阳市的总部经济发展能力处于35个城市的平均水平之上，具有较为明显的优势。不过，与第一、二能级城市相比较，它们更适合集聚一些跨国公司大区总部，如西北总部、中部总部等，或者某些职能性区域总部。

大连市、济南市、郑州市和合肥市的综合得分略低于平均水平，总部经济发展能力一般。

第三能级城市的优惠政策（见表3-7）的特点是：

表3-7 第三能级城市出台的相关优惠政策

城市	政　策	出台部门和年份
长沙	长沙市人民政府关于强力推进招商引资工作的若干意见	长政发〔2017〕30号
厦门	关于鼓励境内外企业在厦门设立地区总部的暂行规定	厦府办〔2004〕239号
	关于促进企业持续发展的若干意见	厦府办〔2011〕216号
	关于进一步加快农业产业化龙头企业发展的若干意见	厦府〔2011〕28号
	厦门市鼓励总部经济发展的若干规定	厦府〔2012〕495号
	厦门市鼓励总部经济发展财政扶持政策实施细则	厦财预〔2013〕64号
	厦门市关于总部经济土地出让的意见（试行）	厦发改服务〔2014〕13号
	厦门市鼓励市属国有企业招商引资暂行办法	厦国资综〔2017〕423号
	厦门市促进物联网产业发展若干措施	厦府〔2017〕145号
沈阳	贯彻落实国务院关于进一步实施东北地区等老工业基地振兴战略若干意见的实施意见	沈政发〔2010〕22号
	关于促进总部经济发展的实施意见	沈政发〔2014〕53号
大连	大连市总部经济发展规划	大政发〔2013〕57号
济南	济南市人民政府关于加快发展总部经济的意见	济政发〔2008〕35号
	关于加强总部经济发展工作的通知	济发改服务〔2015〕82号

续表

城　市	政　　策	出台部门和年份
郑州	郑州市加快总部经济发展激励暂行办法	郑政〔2017〕34号
合肥	合肥市加快发展现代服务业的若干政策（试行）	合政〔2008〕89号
	合肥市承接产业转移促进服务业发展若干政策（试行）	合政〔2010〕28号
	合肥市承接产业转移促进服务业发展若干政策（试行）	合政〔2011〕53号
	合肥市承接产业转移促进服务业发展若干政策（试行）	合政〔2012〕51号

资料来源　第三能级城市市政府、市政府办公厅、相关管理部门的官网。

①大部分城市出台了总部经济发展的相关优惠政策，如厦门市、沈阳市、大连市、济南市和郑州市等。

②以厦门市为代表的个别城市出台了一系列鼓励总部经济发展的政策，不仅涵盖鼓励总部经济发展的若干规定，而且涵盖财政扶持政策、土地出让等配套政策，甚至涵盖诸如农业等特定产业中国内外企业不同类型的RHQ。这充分说明第三能级城市与时俱进的发展理念以及城市管理的可塑性和创新性。

③大连市2013年出台《大连市总部经济发展规划》。该规划是能查阅到的国内第三个出台此类规划的城市，也代表着第三能级城市正在迅速崛起。

3.3.4　第四能级城市的优惠政策

第四能级城市包括15个城市：福州市、海口市、太原市、哈尔滨市、昆明市、呼和浩特市、贵阳市、石家庄市、长春市、南昌市、乌鲁木齐市、南宁市、兰州市、银川市、西宁市。该能级城市总部经济发展能力和各分项能力都处于较低的水平，大多数指标低于35个城市的平均水平。该能级城市集聚RHQ和功能性机构的综合能力较弱，发展总部经济的条件还不够成熟。

第四能级城市的优惠政策（见表3-8）的特点是：

表3-8 **第四能级城市出台的相关优惠政策**

城市	政　策	出台部门和年份
福州	福州市鼓励加快总部经济发展的实施办法	榕政综合政〔2011〕191号
海口	海口市人民政府关于加快工业发展的若干规定	海府〔2011〕105号
	海口市人民政府关于鼓励总部经济发展暂行规定的实施细则（试行）	省府〔2012〕45号
	海口市支持总部经济发展若干政策	海府〔2018〕58号
太原	暂无	
哈尔滨	暂无	
昆明	昆明市加快总部经济发展支持政策（试行）	昆政发〔2016〕62号
呼和浩特	暂无	
贵阳	暂无	
石家庄	暂无	
长春	暂无	
南昌	南昌市促进总部经济发展暂行办法	洪府发〔2013〕32号
乌鲁木齐	暂无	

续表

城 市	政 策	出台部门和年份
南宁	中共南宁市委、南宁市人民政府关于加快总部经济发展的决定	南发〔2010〕27号
	南宁市人民政府关于支持和鼓励总部经济发展的暂行规定	南府发〔2010〕43号
	南宁市发展总部经济专项资金管理暂行办法	南府办〔2011〕172号
	南宁市总部企业认定管理办法	南府规〔2016〕3号
兰州	暂无	
银川	银川市鼓励发展总部经济暂行办法	银党发〔2009〕19号
西宁	暂无	

资料来源　第四能级城市市政府、市政府办公厅、相关管理部门的官网。

①只有较少部分城市出台了鼓励总部经济发展的相关政策，如福州市、海口市、昆明市、南昌市、南宁市以及银川市等。其他第四能级城市则没有发现相关政策出台。

②以南宁市为代表的第四能级城市出台了系列鼓励政策，如《中共南宁市委、南宁市人民政府关于加快总部经济发展的决定》《南宁市人民政府关于支持和鼓励总部经济发展的暂行规定》《南宁市发展总部经济专项资金管理暂行办法》《南宁市总部企业认定管理办法》等。但是第四能级城市不仅配套政策较少，如南宁市只有专项资金支持，并没有发现其他方面的支持，而且出台配套政策的城市也较少，只发现南宁市和海口市等有相关政策。

③没有发现出台总部经济发展规划的城市。

3.4 本章小结

RHQ 集聚中国的原因源自于微观和宏观两个角度，但是宏观原因可以影响微观原因。从宏观角度来讲，原因主要来自于三个方面：

一是中国综合竞争力显著提升，主要缘于硬件及软件基础设施投资加大以及政府规章进一步简化，提升了营商效率，奠定了 RHQ 集聚中国的坚实基础。在综合竞争力中，中国在经济表现方面一直居于前列，在数字竞争力方面颇具潜力。

二是中国营商环境持续改善。这主要表现在营商效率不断提高以及新型政商关系的构建两个方面。

在营商环境方面，世界银行通过测算上海市与北京市，认为中国营商环境出现跃升的状态主要是因为中国在"开办企业""获得电力"两个领域的营商环境获得显著改善。

在新型政商关系方面，习近平同志认为新型政商关系概括起来就是"亲""清"两个字。"亲"，关注的是政府的亲商政策，衡量指标分别是政府对企业的关心、政府为企业提供的各类服务、政府降低企业税费负担。"清"，关注的是政府对企业的信息公开以及政府对企业的廉洁奉公，衡量指标是政府廉洁和政府透明。

三是中国许多省市都制定了吸引 RHQ 和功能性机构的优惠政策。在全国 35 个主要城市中，总部经济发展能力大概可以划分为 4 个能级，不仅处于不同能级的城市的优惠政策各有特点，而且处于同一能级城市的优惠政策也各不相同，但是它们的目标都是努力通过各类优惠政策集聚 RHQ 和功能性机构。

第 4 章　集聚效应

RHQ 集聚中国之后，即形成集聚效应，如产业集聚效应、资本放大效应、就业乘数效应、税收供给效应、消费带动效应等。在各个产业中，汽车产业 RHQ 集聚最为明显，因此本章将以汽车产业 RHQ 集聚为例说明集聚效应。消费带动效应的数据获得比较困难，故本章只说明前 4 种效应。

4.1　集聚效应实例

汽车产业 RHQ 集聚于上海市，如大众汽车集团（德国）、德尔福汽车系统公司（英国）、米其林轮胎公司（法国）、舍弗勒集团（德国）、保时捷汽车公司（德国）等。上海国际汽车城对汽车产业的集聚最为明显。汽车城内集聚了汽车研发、汽车制造、汽车贸易三大支柱产业。

4.1.1 汽车研发集聚

在汽车城内，研发集聚基本上可以划分为以下部分：上汽集团技术中心、上汽大众技术中心、沃尔沃汽车技术中心、环同济知识经济圈以及科技港。前三者均为企业研发中心；环同济知识经济圈是以同济大学嘉定校区汽车、交通、电子信息、软件等优势学科，按照嘉定区产业发展规划建设；科技港定位于集聚汽车企业研发中心。因此，本章重点介绍科技港的集聚情况。

科技港规划占地12.4万平方米，计划建造120幢300~2 000平方米的独幢小楼，可容纳150家左右汽车研发设计企业入驻。汽车研发设计企业不仅包括国内汽车研发设计企业，还包括世界著名跨国公司。2012年科技港开始建设之时，汽车城内就已经有2家整车企业技术中心和65家汽车零部件企业技术中心。它们大多数隶属于所在企业，是企业技术创新的重要部分。①截至2018年7月10日，汽车城内已经拥有近150家高新技术企业、80多家技术中心、3万多名研发人员、100多家公共及企业研发平台、7个国家级基地、7家全球排名前10位的汽车零部件企业。②入驻的主要跨国公司研发机构包括舍弗勒研发中心（德国）、保时捷工程技术研发（德国）、宾尼法利纳设计（意大利）、凯史乐工程技术（加拿大）、德锂龙新能源汽车（瑞士）、易思奇（德国）、海斯坦普研发中心（西班牙）、德威明兴（中国香港）等。

（1）舍弗勒集团简介

舍弗勒集团（Schaeffler Group）是欧洲最大的技术型家族企业之一，其名称来自于其创始人乔治·舍弗勒（Georg Schaeffler）博士的姓氏。舍弗勒集团是全球领先的综合性汽车和工业产品供应商，代表着最高品质、卓越技术和强大的创新能力。通过3个知名品牌——INA、FAG和LUK，舍弗勒集团积极活跃在汽车制造、工业制造和航

---

① 上海国际汽车城. 打造研发科技港 转型发展再发力 [EB/OL]. （2012-05-10）[2019-03-18]. http://www.at-siac.com/zhuanti/detail_11.html.
② 上海国际汽车城，上海安亭新镇. 积极打造以人为本、人车共融的中国特色小镇，汽车城一直在路上 [EB/OL]. （2018-07-10）[2019-03-18]. http://www.at-siac.com/news/detail_2003.html.

天航空领域。

舍弗勒集团汽车工业部凭借其在轿车和货车的整体动力系统（发动机、底盘、变速箱和辅助装置）中的专业技术成为几乎所有汽车制造商和其他主要供应商的可靠合作伙伴。2017年，舍弗勒集团销售额约为140亿欧元，在全球50多个国家设有约170家分支机构，并拥有超过92 000名员工，形成了一个集生产基地、研发中心、销售公司于一体的全球性网络。

1990年，舍弗勒集团在中国香港成立依纳轴承（中国）有限公司，后更名为舍弗勒中国香港有限公司。舍弗勒集团于1995年开始在中国内地投资生产。2004年，舍弗勒亚洲管理（上海）有限公司成立，后更名为舍弗勒投资（中国）有限公司，投资管理舍弗勒集团在华业务。2006年，舍弗勒贸易（上海）有限公司成立。2007年上海安亭舍弗勒研发中心成立，服务于中国和亚太地区的研发中心、销售与服务中心以及舍弗勒集团中国总部。2014年，舍弗勒大中华区成立独立区域，直接向总部汇报。舍弗勒集团进入中国已经20余年，成为中国汽车和工业领域重要的供应商和合作伙伴。秉承"本土资源服务本土市场"的理念，舍弗勒大中华区致力于本土生产和本土研发，为客户提供高品质产品与近距离服务。目前，舍弗勒大中华区拥有员工1.3万多人，在上海安亭设有研发中心，在太仓市、苏州市、银川市、南京市等设有8座工厂，在北京市、上海市、沈阳市、广州市、南京市、济南市、成都市、武汉市、太原市、重庆市、西安市、天津市、大连市、杭州市、长沙市、哈尔滨市、郑州市、无锡市、苏州市、香港特别行政区、台北市、台中市等设有22个销售办事处。从2016年起，舍弗勒大中华区连续3年被评为"中国杰出雇主"（China Top Employer）企业。①

（2）保时捷公司简介

保时捷（Porsche）公司创办于1931年，专注于开发、生产、销

---

① 舍弗勒集团. 公司［EB/OL］.［2019-03-18］. http://www.schaeffler.cn/content.schaeffler.cn/zh/company/company.jsp.

售独一无二的运动车系列，全球共有10 000多名员工；从最初的2家俱乐部仅有13名会员，发展到2012年有675家官方俱乐部，超过20万名会员。保时捷公司于2014年10月29日成立保时捷工程技术研发（上海）有限公司，注册资本为750万元人民币；经营范围包括整车及零部件的研发，从事整车及零部件技术领域内的技术开发、技术服务、技术转让和技术咨询，自有测试设备租赁（不得从事金融租赁），汽车工程软件开发，从事产品设计咨询和科学技术咨询（不得从事经纪），从事货物与技术的进出口业务等。①

（3）宾尼法利纳公司简介

宾尼法利纳（Pininfarina）公司成立于1930年，是意大利汽车设计公司，也属于世界顶尖设计公司，意大利经典跑车法拉利和兰博基尼的多款超级跑车造型均由宾尼法利纳设计。奔驰于全球各地的各大汽车公司的汽车，包括大房车和小型轿车，有很多都是由宾尼法利纳负责车体外形设计的。宾尼法利纳拥有80多年的经验，是一个灵活的合作伙伴。其基于品牌的价值观是：纯洁、优雅和创新，提供有竞争力的产品和服务。其经营范围主要是设计、工程服务、特制汽车或限量系列车型的设计和生产。宾尼法利纳于1996年成立宾尼法利纳汽车设计（上海）有限公司。②

（4）凯史乐公司简介

凯史乐（上海）汽车工程技术有限公司成立于2011年5月，前身是凯斯乐（KSR）汽车配件（常熟）有限公司。该公司是由加拿大凯斯乐国际公司（KSR International Co.）在中国投资设立的子公司，主要从事汽车踏板模具、刹车踏板、油门踏板、离合踏板、门锁机构总成的研发、设计、生产制造和销售，以及售后服务。加拿大凯斯乐国际公司是世界上最大的踏板供应商之一，在踏板行业具有雄厚的研发、设计和生产能力。其主要客户包括福特、通用汽车、马自达、捷豹、现代/起亚、日产等汽车公司。凯斯乐国际公

① 保时捷.关于保时捷［EB/OL］.［2019-03-18］. http://www.porsche.com/china/zh/aboutporsche/aboutporschechina/.
② 宾尼法利纳.历史［EB/OL］.［2019-03-18］. http://www.pininfarina.cn/index/6.

司在全球有近 20 家分支机构，总部在加拿大。其在美国、捷克、巴西、韩国、墨西哥、中国等国家和地区设有近 15 家工厂；在加拿大总部、美国、巴西、英国和日本设有销售的技术中心；在墨西哥、土耳其、印度、澳大利亚、韩国和日本设有合资工厂。凯斯乐国际公司每年的踏板（包括固定和可调试汽车踏板）生产量多达 1 500 万个。

（5）德锂龙公司简介

德锂龙（Delion）公司是一家瑞士新能源汽车整车研发公司，拥有包括整车电控系统、动力总成控制系统、电池管理系统（BMS）、永磁同步电机等多项电动车核心技术。德锂龙总部位于瑞士的苏黎世，其控股投资方是瑞士最大的可持续发展投资基金，规模为 15 亿欧元，曾帮助法国 MIA 公司研发出了欧洲第一款纯电动汽车——MIA 电动车。近年来，该公司聚焦中国市场，已经成为北汽和东风汽车的指定新能源汽车技术供应商。

（6）易思奇集团简介

易思奇（ESG）集团是 IT 电子系统研发和技术服务的专业供应商，在全球相关技术领域极负盛誉。其技术应用于飞机、航空、陆上运输工具、海上运输工具、通信、军事物流、汽车等多个领域。其总部位于德国慕尼黑，在德国、法国、美国以及中国设有超过 18 家的分公司和研发中心。易思奇集团在汽车板块的主要客户有阿尔派、ALPS、奥迪、宝马、博世、达夫、德尔福、福特、捷豹、麦格纳、斯太尔、欧宝、通用汽车、保时捷、标致雪铁龙、萨博、西亚特、斯玛特、伟世通、沃尔沃、大众汽车等。自 1997 年开始，该集团年销售额保持 18% 的增长速度。2011 年 5 月 31 日，易思奇集团在上海市半岛酒店举行进入中国的鸡尾酒会。其选择此时进入中国，是因为中国鼓励新能源汽车开发。易思奇集团的进入一方面可以满足中国需求，另一方面可以顺利进入中国市场。[1]

---

① 上海国际汽车城. 上海国际汽车城研发科技港开工 [EB/OL]. [2019-03-18]. http://www.at-siac.com/zhuanti/detail_12.html.

（7）海斯坦普公司简介

海斯坦普（Gestamp）公司创建于 1997 年，是一家西班牙跨国公司，专门为顶级汽车厂家设计、开发和制造高技术含量的金属零部件。该公司开发创新性产品，以使汽车更加安全和轻量化，降低汽车能耗和环境影响。该公司的产品涵盖车身、底盘和机械装置等众多领域。截至 2016 年 12 月，该公司在全球 21 个国家有 102 家制造工厂（7 家在建）、13 家研发中心和 36 000 多名员工。2016 年，该公司全年营业额达 75.49 亿欧元。2017 年年末，海斯坦普上海研发中心正式开业，该中心强化了海斯坦普的全球研发网络，也为上海市带来 40 多个全新高技能工作岗位。海斯坦普公司在美国、法国、英国、西班牙、巴西、印度和德国等共设有 13 家研发中心，这些研发中心确保全球开发的创新成果能够在当地获得现场技术支持。[①]

总之，全球著名汽车企业的研发设计型 RHQ 或研发设计机构基本上都已经进入中国，上海国际汽车城仅仅是一个缩影。研发集聚已经成为上海国际汽车城的发展核心，以研发带动产业转型升级，进而占据区域价值链甚至全球价值链的高端位置，同时增加汽车产业在中国国内的附加值。除去跨国公司研发机构之外，上海国际汽车城还集聚了包括上汽工程研究院等在内的来自中国企业的研发机构。

4.1.2　汽车制造集聚

汽车制造由上汽大众汽车有限公司（以下简称上汽大众[②]）、上海国际汽车城零部件配套工业园区、上海市新能源汽车及关键零部件产业基地等三大部分构成。其中，汽车零部件企业逾 200 家，世界 500 强投资企业有 15 家，全球排名前 10 位的汽车企业有 7 家已经在此投资。

（1）上汽大众

上汽大众由上汽集团和德国大众汽车集团合资经营。

上汽集团起源于汽车的诞生、发展、入埠乃至上海市汽车修配业

---

① 上海国际汽车城. 海斯坦普上海研发中心在汽车·创新港正式开业 [EB/OL]. [2019-03-18]. http://www.at-siac.com/news/detail_1911.html.
② 上汽大众，原名为"上海大众汽车"，2015 年 12 月 7 日改名为"上汽大众"。

的形成。世界汽车百年历史是上海市汽车工业形成和发展的外部渊源，上海市汽车修配业的形成是上海市汽车工业形成和发展的内部渊源。20世纪上半叶，随着国外汽车不断进入，上海市汽车修配业逐步发展起来。最早建立和比较重要的厂家有宝昌号（上海科尔本施密特活塞有限公司前身）、杨福兴机器制造厂（上海汇众汽车制造有限公司汽车底盘厂前身）、郑兴泰汽配商号（上海汽车变速器有限公司前身）。发展到1949年，上海市的汽车修理商行近200家，从业人员有1 200人。其中，上海公共交通公司修造厂（原上海汽车发动机厂和上海客车制造公司前身）的技术装备和生产能力比较领先；扬子建业所属利威汽车公司（后为上海汽车厂）号称当时远东最大的汽车公司。1955年11月，上海市内燃机配件制造公司成立，主管业务包括上海汽车零配件行业，上汽开始起步；1958年9月28日，第一辆凤凰牌轿车在上海汽车装配厂试制成功，实现上海汽车工业轿车制造"零"的突破，形成中国轿车工业北有"红旗"、南有"凤凰"（后为"上海"）的格局。20世纪60年代之后，整车分别形成批量生产能力，其中轿车建成中国批量最大生产基地，为上汽腾飞创造有利条件。1978年改革开放以来，上汽抓住机遇，率先走上利用外资、引资技术、加快发展的道路。①上汽大众应运而生。上汽大众与乘用车公司、上汽大通、上汽通用、上汽通用五菱、南京依维柯、上汽依维柯红岩、上海申沃等共同组成了上汽集团。2017年，上汽集团整车销售达到693万辆，同比增长6.8%，继续保持国内汽车市场领先优势，并以1 288.19亿美元的合并销售收入，第14次入选世界500强企业，排名第36位，比上年上升了5位。

大众汽车集团创建于1937年，总部设在德国沃尔夫斯堡。它是德国最大的企业，也是处于世界领先地位以及欧洲最大的汽车制造商。该集团在7个欧洲国家拥有12个品牌，它们是大众客车、奥迪、西亚特、斯柯达、宾利、布加迪、兰博基尼、保时捷、杜卡迪、大众

---

① 上汽集团. 公司简介［EB/OL］.［2019-03-18］. http://www.saicgroup.com/chinese/gsgk/sqfzs/index.shtml.

商务车、斯堪尼亚、曼。每个品牌都有其特点，并拥有各自独立的细分市场。集团产品涵盖摩托车、家庭轿车、豪华车辆、商务车等。集团还活跃于制造船舶和固定设备的大口径柴油发动机、涡轮增压器和机械装置、特殊齿轮装置、压缩机，以及其他商务领域等。另外，集团还提供大范围的金融服务，包括交易商和客户融资、融资租赁、银行和保险活动，以及船队管理。集团在20个欧洲国家以及美洲、亚洲和非洲的11个国家共计拥有122个生产基地。每个工作日，全球642 292名员工生产大约44 170辆汽车，并提供与汽车相关服务或其他商务活动。集团将其汽车销往全球153个国家。为筹谋未来，集团发布"2025发展战略"（Together-Strategy 2025），聚焦电动车、自动驾驶汽车及汽车共享服务，以扩充旗下业务，发力新增长点，提高盈利能力，并紧跟市场潮流，向移动出行服务商转型。2017年，集团营业收入为2 600.284亿美元，在全球汽车公司中仅次于日本丰田汽车，位列2018年世界500强企业第7位。

上汽大众于1984年10月签约奠基，是中国历史最悠久的汽车合资企业之一。公司总部位于上海市嘉定安亭国际汽车城，并先后在南京市、仪征市、乌鲁木齐市、宁波市、长沙市等建立了生产基地。上海市的生产基地位于嘉定区安亭镇，即上海国际汽车城内，由安亭汽车一厂、二厂和三厂共3个生产工厂构成。一厂是上汽大众最早的轿车生产基地，采用了国际先进的汽车制造工艺。二厂和三厂分别始建于1992年和1999年，二厂车身的焊接工艺采用了多种先进的工艺，三厂车身车间采用业内领先的激光焊接及CMT焊接技术。上汽大众目前生产和销售大众和斯柯达两个品牌的产品，覆盖A0级、B级、C级、SUV、MPV等细分市场。其中，大众品牌车型有Polo家族、新桑塔纳家族、朗逸、凌渡、新帕萨特、辉昂、途观丝绸之路版、新途观L、途昂和途安。斯柯达品牌车型有晶锐、昕锐、昕动、明锐、明锐旅行车、速派、柯迪亚克、柯路克和柯米克。在产品研发方面，上汽大众在20余年里累计投入超过30亿元，目前，已经具备了内外造型、前期开发、车身开发、发动机、底盘和电子电气集成开发，以及整车试制试验的自主开发能力。另外，上汽大众还培养了一支高效率、高素质的产品开发队伍，建立了功能完善、具备国际水平的技术开发中心，其开发能力已融入大众汽车集团全球开发体系之内。在质量管理方面，公司秉持"质量是上汽大众的生命"这一理念，建立了贯穿于整个产品生命周期的全过程质量管理体系，覆盖了整个业务链，并延伸到供应商体系。因此上汽大众荣获"全国质量奖""上海市市长质量奖"等质量领域的重量级奖项。2017年12月4日，上汽大众十二度蝉联"中国杰出雇主"称号。在营销服务方面，上汽大众建设了分布广密的销售与售后服务网络。同时，公司持续关注客户体验，致力于提升用户满意度。大众品牌"匠心挚诚（Techcare）"与斯柯达品牌"真心呵护（Human Touch）"为客户提供更具针对性、更专业的服务体验。

（2）零部件配套工业园区

上海国际汽车城零部件配套工业园区是在大众工业园区的基础上于2001年9月正式组建而成的，是市级工业园区，也是上海国际汽车城的重要组成部分。2015年，上海国际汽车城零部件配套工业园区第3次入选"上海品牌园区"。该园区以良好的投资环境、高起点的规划、高标准的开发和科学的管理引得投资者纷至沓来。园区内已经拥有300多家零配件企业入驻，其中有来自于24个国家和地区的160多家外资企业，如斯凯孚（瑞典）、玛汀瑞亚（加拿大）、苏尔寿美科（瑞士）、上海安固强（美国）、上海博泽（德国）。

①斯凯孚（Svenska Kullager-Fabriken，SKF）于1907年创建，总部在瑞典，是全球领先的技术供应商，拥有5个技术平台，即轴承及轴承单元、密封件、机电一体化、服务和润滑系统。经过100多年的发展，斯凯孚在全球130多个国家设有分支机构，大约涉及40个专业领域，即美洲工业销售、欧洲和中东/非洲工业销售、亚洲工业销售、汽车和航空航天；在32个国家有140个生产基地、18个技术中心、46 535名员工。斯凯孚于1912年初次来到中国，在上海市设立首家斯凯孚代理商，1951年迁出中国。1992年斯凯孚重新回到中国，设

立斯凯孚中国有限公司北京及广州办事处。2005年，斯凯孚（上海）汽车技术有限公司成立。2010年5月，斯凯孚全球技术中心（中国）在上海市成立，它是斯凯孚技术中心全球网络的重要组成部分，重点关注产品开发，以进一步加大斯凯孚全球技术研发中心及实验室的网络覆盖。该中心的目标是全力推动国际与区域发展，使创新及技术知识更贴近于中国客户。其中，80%的职能将服务于中国本地市场，另外20%的资源将支持斯凯孚集团的全球项目。2014年6月9日，斯凯孚嘉定园区在上海国际汽车城零部件配套工业园区开园启用。斯凯孚嘉定园区集聚产品研发、生产、测试和培训等资源，包括斯凯孚全球技术中心（中国）、乘用车轮毂轴承生产工厂、解决方案工厂和斯凯孚学院四大部分，总投资约7亿元，占地45 207平方米。①

②玛汀瑞亚（Martinrea）创建于2001年，总部在加拿大的安大略省，是汽车零部件、装配等供应商，北美洲第二大金属处理机、第三大流体系统产品供应商，铝制品市场领先者。玛汀瑞亚的主要客户包括通用汽车、福特、路虎、宝马和大众等。玛汀瑞亚在北美洲（加拿大、美国）、南美洲（墨西哥、巴西）、欧洲（德国、斯洛伐克、西班牙）以及中国共计拥有超过44家的生产、工程及技术中心，约有15 000名员工，制造厂房超过83万平方米。公司的商务战略目标是拥有世界级技术、有动力和有才能的员工、高质量产品。②2013年6月28日，玛汀瑞亚独资公司玛汀瑞亚汽车配件（上海）有限公司在上海国际汽车城开业投产，注册资金为700万美元，主要从事制动管路、燃油管路和燃油加注管等汽车流体系统产品的生产和销售业务。

③苏尔寿美科的母公司是瑞士苏尔寿（Sulzer）集团。苏尔寿集团成立于1834年，总部在瑞士苏黎世州温特图尔，是全球四大泵业巨头之一，主要从事包括纺织机构、热力涡轮机械、工艺流程及成套

① 斯凯孚集团. 斯凯孚简介 [EB/OL]. [2019-03-18]. http://www.skf.com/cn/zh/our-company/index.html.
② MARTINREA. About-overview [EB/OL]. [2019-03-18]. http://www.martinrea.com/about.php#Overview.

设备、工业泵、离心机等机械产品的研发生产业务。其客户从全球 180 多个生产和服务基地网络获益。苏尔寿集团强调创新和持续性研发的关键性作用，在全球范围内建有超过 30 个研发中心，满足当地客户的特定需求，并使公司拥有全球研发网络优势。集团研发网络向快速增长的新兴市场扩张，以便于为该地区的客户服务，如巴西和中国。[①]2005 年，苏尔寿集团进驻上海市；2012 年年末，因业务发展需要迁址扩容至上海国际汽车城。苏尔寿集团的主要技术包括 PVD 和 DLC 涂层、等离子氮化、热喷涂和同步器摩擦材料涂覆四大类，是国内外众多知名汽车公司指定的关键零部件表面涂层服务商。其业务范围涉及汽车制动器、刹车片、轴齿轮、活塞环、座椅弹簧、离合器摩擦片、喷油器、滚珠支枢、汽缸内径、同步器摩擦环、连杆等。[②]

④上海安固强能源科技发展有限公司成立于 2011 年 6 月，是由美国 Nanotek 仪器公司及其子公司 Angstron 电池公司提供技术与中国投资方在上海市成立的中美合作公司。该公司是一家专业从事高性能锂离子新型负极材料生产和销售的高科技公司。Nanotek 仪器公司位于美国俄亥俄州代顿市，成立于 1997 年，是一家以开发、研制新型纳米材料及能源材料的高科技公司。其核心业务涉及能量储存设备，如超级电容器、燃料电池和下一代电池。该公司是世界上最早研究出量产石墨烯技术的公司，早在 2002 年就已经申请了第一个石墨烯制备工艺及组成技术的美国专利。上海安固强能源科技发展有限公司利用 Nanotek 仪器公司所研发的多项负极材料专利技术，生产以纳米石墨烯为基础的新型高性能锂离子负极合金材料。[③]

⑤上海博泽汽车部件有限公司是上汽集团所属上海实业交通电器有限公司和德国博泽（Brose）国际有限公司共同投资成立的中德合资企业。博泽集团 1908 年成立于德国柏林，是世界上发展最快的国际化

① SULZER. About us：our company ［EB/OL］.［2019-03-18］. http://www.sulzer.com/en/about-us/our-company.
② 安亭文体中心. 汽车城零部件园区 "腾笼换鸟" 上台阶 ［EB/OL］.［2019-03-18］. http://www.at-siac.com/industry/newsdetail_1263_731856929068026112.html.
③ ［1］NANOTEK INSTRUMENTS. Home/Technology ［EB/OL］.［2019-03-18］. http://nanotekinstruments.com/.［2］上海安固强能源科技发展有限公司. 公司介绍 ［EB/OL］.［2019-03-18］. http://www.angstron-sh.com/about.aspx?id=7&tp=7.

汽车零部件供应商之一。该集团是全球汽车行业的合作伙伴，为80多家汽车制造商及30多家供应商提供机电一体化系统和驱动系统。博泽集团在全球重要汽车市场的23个国家的53个驻地拥有超过25 000多名员工，是全球40强汽车供应商，也是这一产业领域的第五大家庭企业。上海博泽汽车部件有限公司正式成立于1999年3月26日。其主要产品包括轿车车门内板系统，集门底板、摇窗机系统、电机电子模块小总成、门锁、中央控制锁系统、扬声器、线束等零件于一体，是一个高度集成的模块产品。2005年，博泽汽车技术企业管理（中国）有限公司，即中国及亚洲地区总部，在上海市成立，负责管理、研发、设计、质量管理、采购、销售、IT、公共关系、测试和样件制造。①

　　⑥上海天合安全系统有限公司是由上海汽车工业（集团）总公司（SAIC Group）和美国天合汽车（TRW Automotive）合资经营的，成立于1997年7月。该公司主营产品为汽车安全带和安全气囊，产品主要应用于上海大众、上海通用、上汽制造、长安福特、一汽大众、华晨宝马、安徽奇瑞等知名汽车生产企业。天合汽车集团是全球领先的汽车安全系统供应商，是汽车安全系统的先驱和领导者、世界十大汽车零部件供应商之一。

　　⑦上海天纳克排气系统有限公司成立于1999年，是美国天纳克（Tenneco）在中国投资建立的生产汽车排气系统的合资公司之一。该公司主要从事排气系统的开发、生产和销售，产品包括排气歧管、催化转换器、消声器以及领先的柴油后处理系统，并得到天纳克中国研发中心的支持。其主要服务于华东地区的主要客户，客户包括上海大众、上海通用、奇瑞汽车等。

　　⑧上海科世达－华阳汽车电器有限公司是由德国科世达（Kostal）、贵航集团华阳电工厂和安工公司三方共同投资的合资企业，于1995年5月成立。该公司根据科世达集团的战略构想，致力成为该集团亚洲生产制造基地；经营范围包括生产汽车电子设备系统、销售

　　①　[1] 上海国际汽车城. 上海博泽汽车部件有限公司 [EB/OL]. [2019-03-18]. http://www.at-siac.com/investment/detail_53.html. [2] 佚名. 博泽 [EB/OL]. [2019-03-18]. http://baike.so.com/doc/6973393-7196082.html.

本公司自产产品及提供售后服务，收购非配额、非专营商品出口。该公司是上海大众、一汽大众的正式汽车电器开关配套商。

⑨中涂化工（上海）有限公司隶属于日本中国涂料（集团）株式会社，日本总部成立于1917年。1994年，日本总部在中国上海市建立了生产基地，经营范围涵盖船舶用涂料、集装箱用涂料、桥梁和机械设备等工业用涂料。

⑩特酷时度来自日本，2012年落户上海国际汽车城。日本首屈一指的汽车设计师志水俊晴担任CEO。特酷时度是上海国际汽车城首家整车设计企业，主要为日资和中资车企提供从概念车的设计、开发到量产，以及高端咨询等一条龙服务，以促进在华汽车研发业务的发展。其主要提供汽车设计和制造的技术咨询服务，汽车零部件的批发、佣金代理（拍卖除外）、进出口及其相关配套业务（不涉及国营贸易管理商品；涉及配额、许可证管理商品的，按照国家有关规定办理申请）。

（3）新能源汽车及关键部件产业基地

上海市新能源汽车及关键部件产业基地于2009年7月批准挂牌成立，位于上海国际汽车城北部，规划面积为9.5平方千米。其目标是成为以新能源汽车整车研发和产业化为主导、以新能源汽车关键零部件制造和创新为核心、以高新技术产业规模化为配套的具有国际水平的专业性汽车产业基地。其不仅集聚了跨国公司，也集聚了诸多国内高新技术企业。

①邦迪汽车系统（上海）有限公司由英国邦迪汽车（TI Automotive）全资投资。英国邦迪汽车至今已经有近百年的历史，一直都是创新流体存储、传送系统及零部件生产的行业领导者。当今全世界汽车制造业每年5 700万辆当中约一半依赖于邦迪汽车的制动、燃料或动力科技。邦迪汽车在28个国家建有118个制造基地。该公司的优势在于依靠其能力满足不断变化的全球汽车产业的需求。[①]邦迪汽车系统（上海）有限公司成立于2004年9月，注册资本为300万美元，投资总额为600万美元。2016年7月28日，其与上海国际汽车城

---

① TI AUTOMOTIVE. Home-fluid thinking [EB/OL]. [2019-03-18]. http://www.tiautomotive.com/.

产业发展有限公司签约入产业基地，主营范围为设计、生产汽车制动器总成及其硬管、软管等系统产品。安亭工厂是邦迪汽车在中国唯一生产高压柴油管的工厂，主要客户是珀金斯、康明斯、上菲红以及江淮等发动机机厂；制动管的主要客户是上海大众，为其提供90%生产需要的制动管；发动机管的主要客户为上汽通用。①

②昱珂汽车部件（上海）有限公司成立于2010年8月3日，是一家提供以技术研究、项目开发、生产销售、技术服务为主的专业运动控制方案开发服务的高新技术外商独资企业，拥有多年的半导体行业市场拓展和技术研发经验。其经营范围涉及汽车电子系统及相关零部件的设计；汽车零部件、电子产品、机械设备的批发、佣金代理（拍卖除外）和进出口，提供相关配套服务（不涉及国营贸易管理商品，涉及配额、许可证管理商品的，按国家有关规定办理申请；涉及行政许可的，凭许可证经营）。2012年6月19日该公司入驻基地。②

③上海大郡驱动系统有限公司成立于2005年，是专业从事混合动力及纯电动汽车（HEV/EV）专用电机及其控制技术的研发和生产的高科技中外合资企业，与一汽、东风、上汽和长安汽车等国内主要汽车企业建立了合作伙伴关系。

4.1.3　汽车贸易集聚③

汽车贸易产业由汽车展示贸易街、俱乐部一条街、上海二手车交易市场、国家汽车及零部件出口基地、安吉物流等组成。

（1）汽车展示贸易街

汽车展示贸易街位于汽车城核心区展示贸易区内，是上海市首条以购车、看车、购物休闲、汽车文化为主的步行街，是目前国内规模最大的汽车步行街。汽车展示贸易街以汽车品牌店所围合的街道为中心，集聚了近20家4S店，汇聚全球各大汽车品牌，包括一汽奥迪、

---

①　上海新能源汽车及关键零部件产业基地. 邦迪汽车系统（上海）有限公司入驻外冈签约仪式［EB/OL］.［2019-03-18］. http://www.sh-nevib.com/news/show.aspx?id=69.
②　上海国际汽车城. 昱珂汽车部件（上海）有限公司入驻新能源汽车产业基础［EB/OL］.［2019-04-04］. http://www.at-siac.com/news/detail_978.html.
③　上海国际汽车城官网。

上汽大众等，全部围绕汽车主题展开，是核心区内的重要轴线和开放式城市景观系统。汽车展示贸易街于2004年10月14日必比登挑战赛公众开放日开始正式向公众开放，与F1赛场、全球零部件采购中心、汽车主题公园、汽车博物馆、安亭新镇等共同构筑起大型的汽车贸易和文化休闲区域。

（2）俱乐部一条街

俱乐部一条街旨在为上海国际汽车城核心区展示贸易区提供零部件贸易服务、商务办公、娱乐休闲配套而建设，占地0.109平方千米，包括上海零部件全球采购中心、四星级酒店、娱乐总汇和购物中心等项目。全球采购中心商务大厦占地24 902平方米，建筑面积为82 760平方米。全球采购中心商务大厦集汽车零部件交易、会展、商务办公、信息发布、电子商务、法律咨询、教育培训、金融服务、行业维权及国际贸易"一站式"服务体系等多功能于一体，极大地加快了中国汽车零部件产业融入全球采购供应体系的步伐。

（3）上海二手车交易市场

上海二手车交易市场于2003年12月建成启用，是全国交易量最大的交易市场，集综合贸易、交易拍卖、经营群楼，以及车辆展示、检测、评估等设施于一体，与中央绿化共同构成了具有现代建筑特点、智能化内涵、花园式格调的二手车贸易园区。

（4）国家汽车及零部件出口基地

国家汽车及零部件出口基地自揭牌以来，引进项目包括上海意昂汽车电子有限公司、波特尼线束上海研发中心、上海景田工业产品设计有限公司、上海燕龙实业有限公司等。在服务平台建设方面，出口基地致力建立包括知识产权保护、教育培训、质量体系认证、法律政策咨询、物流优化等方面的服务体系，全面提升服务水平。国家汽车及零部件出口基地已引进的项目有盖世汽车网、中汽连锁、上海汽车人才服务中心、德国汽车工业联合会质量管理中心（VDA-QMC）、上海市嘉定区知识产权局驻出口基地工作站、美中汽车交流协会等。

（5）安吉物流

安吉物流是上海市拥有的独一无二的专业化汽车滚装码头，是国家5A级物流企业、国内最大的汽车物流服务供应商，分别与CEVA（原TNT物流）、上海港务局、日邮（NYK）等建立了合资合作关系，拥有船务、铁路、公路等10家专业化的轿车运输公司以及遍布全国的50家仓库及配送中心，仓储面积近370万平方米，年运输吞吐量超过250万辆商品车，并且全部实现联网运营。

4.2 集聚效应的具体表现

上海市以汽车产业RHQ为核心形成产业集聚效应、资本放大效应、就业乘数效应、税收供给效应等。

4.2.1 产业集聚效应

产业集聚效应是显著效应之一。在上海市，围绕RHQ集聚了很多汽车企业（既包括跨国公司，也包括国内企业），基本形成了在RHQ带动下的集聚效应。其中一部分跨国公司采用的是RHQ与生产基地分离，如将RHQ办公室设在浦东新区，生产基地设立在上海国际汽车城内；一部分跨国公司则是RHQ与生产基地同时设立在上海国际汽车城内。不管是哪种形式，都会形成产业集聚效应。

（1）RHQ自身的集聚效应

RHQ集聚可以带来更大的产业集聚效应，这是因为：

①一般情况下，按照RHQ组织形态布局的跨国公司都是规模较大的，RHQ可以是研发中心、行政中心、营销中心、结算中心等，能创造更可观的价值。

②RHQ集聚可以带动更多关联产业的出现，如制造业RHQ的入驻，可以吸引银行和保险业等RHQ追随而来。

③RHQ之间有可能现在存在或者将来可能形成合作关系。

④RHQ本身处于价值链的高端，因此RHQ集聚本身就有利于当

地产业升级。

在上海市，集聚的RHQ数量不断增加，2016年已经达到580家，比上年增加45家；外商投资性公司和外资研发中心分别达到330家和411家（见表4-1）。RHQ中以制造业RHQ为主，制造业RHQ又以汽车制造业RHQ为主。

表4-1   上海市部分年份总部数量

指　标	2005年	2010年	2015年	2016年
跨国公司地区总部	125	305	535	580
外商投资性公司	130	213	312	330
外资研发中心	173	316	396	411

资料来源　《上海统计年鉴（2017）》。

（2）以上汽大众为核心的轮轴型产业集群

轮轴型产业集群是马库森（1996）提出的4种产业集群形式之一。①他认为轮轴型产业集群的简单模式是集群内存在单一的核心大企业，它从本地和外部供应商那里采购，而产品销售到集群外。围绕核心大企业的生产生活需要，又集聚了众多的辅助企业。依据马库森的解释，轮轴型产业集群应该具有以下特点：

①集群内由一个或多个大型垂直一体化企业支配，它们是集群的轴心，也是区域经济的核心。

②核心企业控制着包括资金来源、技术专家、商业服务等在内的重要资源，当地政府则扮演着管理角色，并推动核心产业的发展。

③核心企业与外部众多的供应商之间存在密切的合作和交易关系，形成了长期契约。

④集群内出现合作，不过一般是在核心企业层面上的合作。

⑤围绕核心企业，集群内将形成一种明显的区域文化特性（如图

---

①　MARKUSEN A. Stick places in slippery space: a typology of industrial districts [J]. Economic Geography, 1996, 72 (3): 293-313. 另外3种产业集群形式是马歇尔产业集群、卫星平台型产业集群和国家力量依赖型产业区。

4-1所示）。①

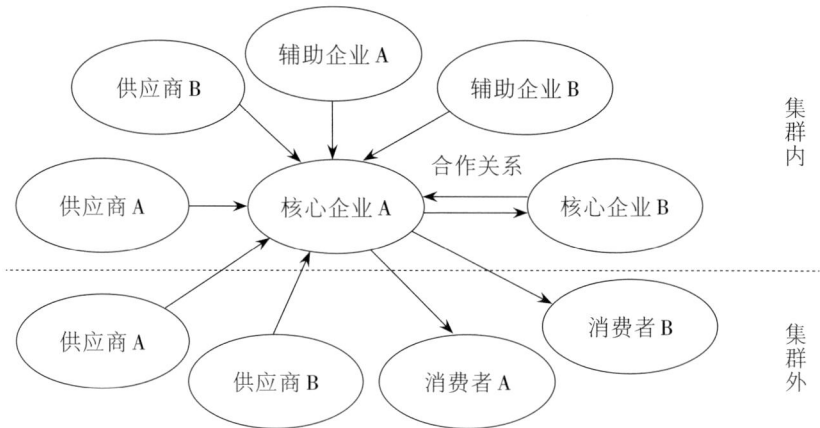

图 4-1 轮轴型产业集群示意图

依据马库森理论，我们认为上海国际汽车城基本上已经形成以上汽大众为核心企业的轮轴型产业集群。上汽大众 RHQ 设立于上海国际汽车城内；整车生产基地由安亭汽车一厂、二厂和三厂 3 个厂区构成；围绕 3 个厂区，周围一定半径内集聚了几百家零部件配套企业和销售企业等。也就是说，由核心企业和配套企业共同完成从开发到投放市场的整个过程，即完成产品设计、零部件生产、产品组装、产品检测、产品包装等若干工序和环节。各工序、各环节不仅需要生产工人来完成，而且需要彼此之间密切协作，通力配合。

事实上，以上汽大众为核心的汽车产业集聚效应可以通过内部规模经济和外部规模经济两种规模经济显现出来。从内部规模经济来看，上汽大众通过规模性生产成就国内外市场。上汽大众蝉联 2017 年国内乘用车市场销量第一，同时迎来第 1 800 万辆汽车下线，成为国内第一家累计产量突破 1 800 万辆的乘用车企业。②从外部规模经济来看，以上汽大众为核心建成的上海国际汽车城已经成为国内外著名的汽车产业集聚地。

---

① 任永菊. 跨国公司地区总部集聚的产业集群基础研究 [J]. 工业技术经济，2012（1）：102-106.

② 上海大众汽车有限公司. 规模成就市场 上汽大众累计产量突破 1 800 万辆 [EB/OL]. [2019-03-18]. http://www.caam.org.cn/wangyuan/20180201/1605215253.html.

（3）带动地区汽车产业整体发展

汽车产业集聚带动地区汽车产业整体发展，可以分别从上海国际汽车城所在地——嘉定区以及上海市得到证实。

从嘉定区来看，汽车制造业产值增幅虽然减缓，但继续呈现增长态势。2018年1—7月，全区实现规模以上工业总产值3 605.3亿元，同比增长8.9%；实现属地规模以上工业总产值2 145.5亿美元，同比增长5.5%。汽车制造业实现产值2 683.5亿元，同比增长9.6%，增幅较上月回落2.4个百分点，拉动工业产值增长7.1个百分点。汽车零部件业产值为1 223.7亿元，同比增长4.5%，增幅较上月回落2.0个百分点，拉动属地工业产值增长2.6个百分点。另外，工业经济效益有所回升。2018年1—6月，全区规模以上工业企业实现利润总额341.0亿元，同比增长10.7%，与产值增幅基本持平。汽车制造业实现利润总额298.1亿元，同比增长13.8%，较上年同期提高2.9个百分点。属地规模以上工业企业实现利润总额139.0亿元，同比增长2.1%。汽车零部件业实现利润总额96.1亿元，同比增长6.5%，增幅较上年同期提高1.6个百分点（如图4-2所示）。

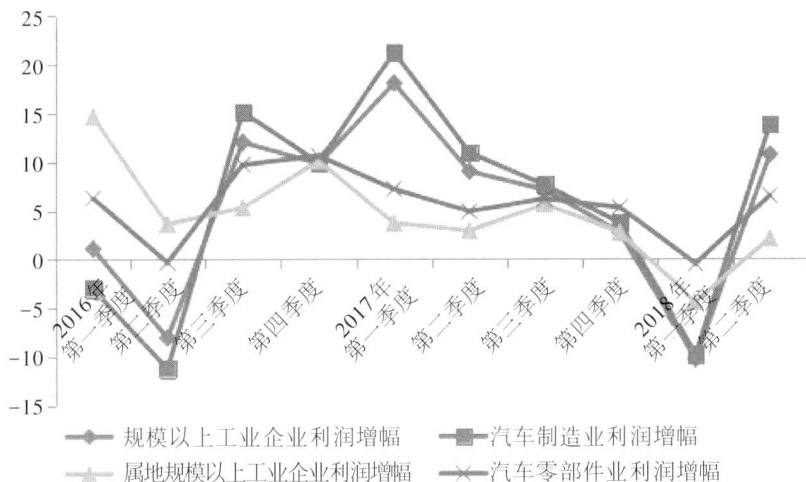

图4-2　2016年至2018年7月上海市嘉定区工业经济效益增幅（%）

资料来源　上海嘉定区统计局. 2018年1—7月嘉定区经济运行情况简析 [EB/OL]. [2019-03-18]. http://www.stats-sh.gov.cn/html/fxbg/201808/1002434.html.

2003—2008 年，上海市规模以上工业总产值持续增加，2009 年出现回落，2010—2011 年连续两年回升，但是回升并不如人意，到 2014 年之前基本呈现胶着状态，之后出现持续回落，2016 年为 31 136.03 亿元。上海市汽车制造业总产值基本上处于上升趋势之中，2016 年更是在全市工业总产值下降的背景下，继续上涨至 5 849.9 亿元（如图 4-3 所示）。与此同时，2005—2016 年，除 2008 年之外，汽车制造业总产值占上海市的比重基本处于连续上升的状态，2016 年达到 18.79%，是 2005 年的 3 倍多（如图 4-4 所示）。由此可以得出，汽车制造业集聚效应正在显现。

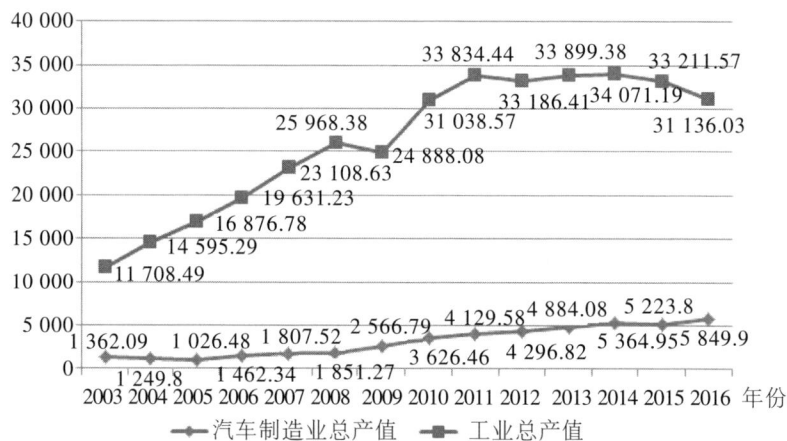

图 4-3　2003—2016 年上海市汽车制造业总产值与工业总产值（单位：亿元）

资料来源　2004—2017 年的上海统计年鉴。

4.2.2　资本放大效应

资本放大效应是另外一个显著的集聚效应。资本放大效应来源于：①人力资本放大效应，即 RHQ 的建立为上海市带来高素质的管理人员和工作人员，这些人员能够通过有形或无形的方式影响上海市市民素质的进一步提高。②社会资本放大效应，即当 RHQ 大量进入上海市时，为上海市提供免费宣传作用，因此有可能吸引越来越多的 RHQ 入驻上海市，形成一种"滚雪球"的态势。③物质资本放大效应，

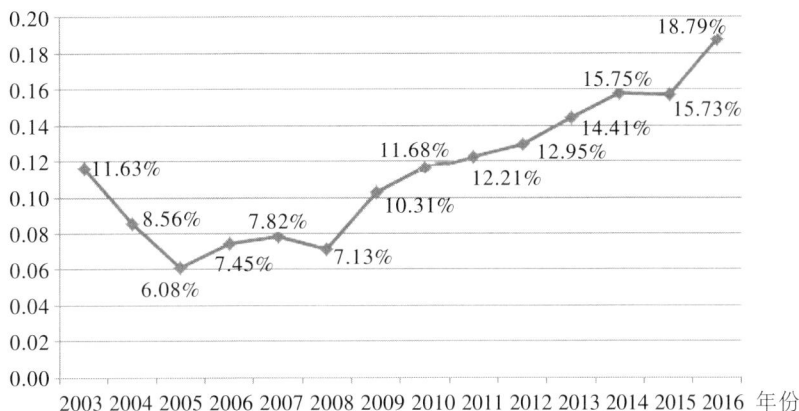

图4-4　2003—2016年上海市汽车制造业总产值占工业总产值的比重（%）

即 RHQ 集聚带来的相关产业的固定投资等的增加。此处主要说明物质资本放大效应。

（1）投资规模止跌回升

汽车制造业投资项目涉及汽车零配件、机械制造、电子电器、金属制品、精细化工、光缆、服装等众多行业，客商覆盖美国、德国、日本、英国、法国、韩国、澳大利亚、泰国、新加坡，以及中国香港、澳门、台湾地区等。

2016年，上海市汽车制造业固定资产投资停止2014—2015年连续两年的回落状况，较2015年出现12.34亿元的增加额，至130.44亿元，处于2007—2016年的第4高位，低于2012年的134.02亿元、2013年的143.85亿元和2014年的142.67亿元。也就是说，汽车制造业固定资产投资规模经历了一个创历史高位—回落—回升的过程（如图4-5所示）。

（2）汽车制造业地位越来越重要

①从汽车制造业固定资产投资占上海市六大重点发展工业行业[①]的比重来看，2007—2009年持续增加，特别是2009年猛增5.13%，是历年增长幅度最大的一年；2010—2011年出现回落之后，占比依

---

① 上海市六大重点发展工业行业包括电子信息产品制造业、汽车制造业、石油化工及精细化工制造业、精品钢材制造业、成套设备制造业、生物医药制造业。

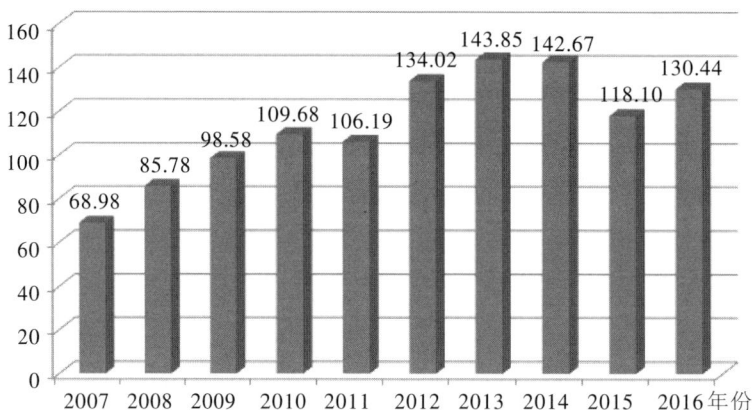

图 4-5　2007—2016 年上海市汽车制造业固定资产投资（单位：亿元）

资料来源　2008—2017 年的上海统计年鉴。

然高于 15%；2012—2016 年一直持续增加，2016 年增加至 23.60%。也就是说，10 年间，汽车制造业固定资产投资在上海市六大重点发展工业行业中的地位明显提高，越来越重要。

②从汽车制造业固定资产投资占上海市全社会建设项目的比重来看，2007—2013 年持续增加，从 2007 年的 2.19% 到 2013 年的 5.09%；2014—2015 年连续回落，2014 年仅比上年回落 0.01%，2015 年回落较大，由 2014 年的 5.08% 回落到 4.10%，跌了近 1 个百分点；2016 年止跌企稳，回升到 4.29%。尽管如此，2007—2016 年，汽车制造业固定资产投资占上海市全社会建设项目的比重从 2.19% 到 4.29%，差不多翻了 1 倍（如图 4-6 所示）。在房地产开发热度不减反增的背景下，这足以说明汽车制造业的地位不可小觑。

4.2.3　就业乘数效应

就业乘数效应产生于三个方面：①汽车产业 RHQ 入驻上海市之后，通过招募上海市本土员工直接增加就业；②外籍员工对于居住质量、生活质量的需求而导致的间接就业增加；③RHQ 集聚引致产业集聚之后，就业人数增加。对于前两种就业人数，尚无具体统计，本书只能对第三种就业效应进行说明。

图4-6　2007—2016年上海市汽车制造业固定资产投资占比（%）

资料来源　2008—2017年的上海统计年鉴。

（1）就业人数不断增加

从统计数据来看，2003—2016年，上海市制造业就业人数基本上经过了两个阶段：

①2003—2008年就业人数不断增加，至283.4万人；

②2009—2016年就业人数先经过几次回落与回升，之后一路下降到209.58万人。

与制造业不同，汽车制造业就业人数基本上呈现不断增加的态势，2016年达到24.04万人，是2003年的2.46倍（如图4-7所示）。

（2）就业人数占比大幅增加

在汽车制造业就业人数的绝对量增加的同时，相对量（汽车制造业就业人数占制造业的比重）从2005年的4.24%一直持续增加，2016年达到11.47%（如图4-8所示）。依据图4-7和图4-8可知，相对量的增加速度高于绝对量的增加速度，说明汽车制造业在整个制造业中的相对重要性不断增强，也可以推断出汽车制造业的就业效应已经明显显现。

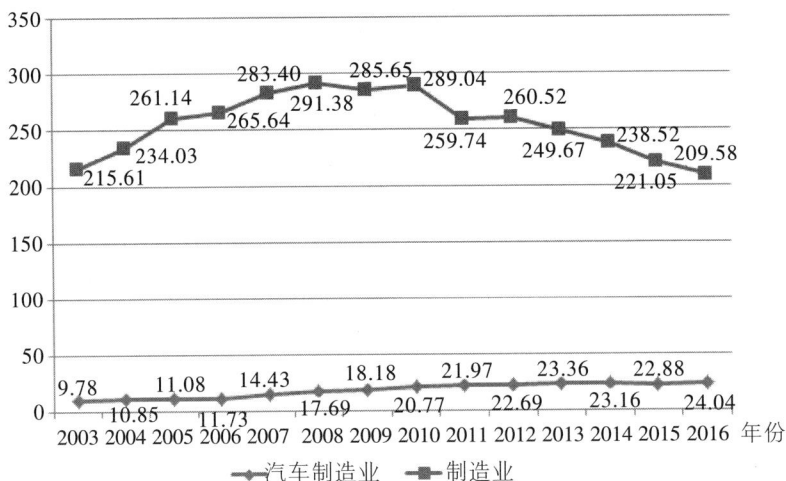

图 4-7　2003—2016年上海市汽车制造业和制造业的就业人数（单位：万人）

资料来源　2004—2017年的上海统计年鉴。

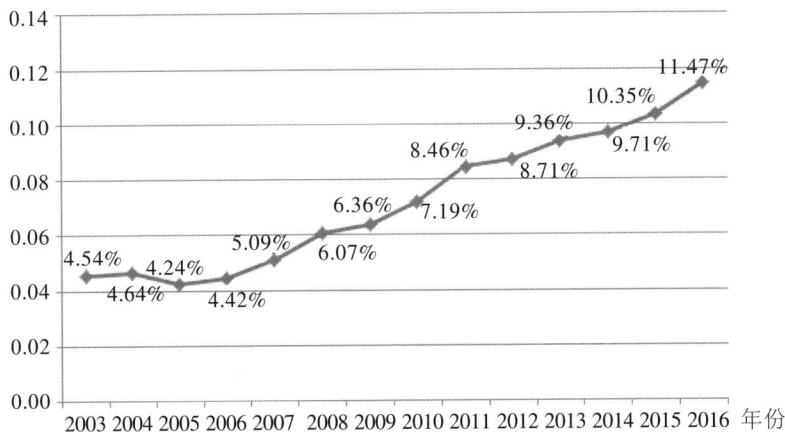

图 4-8　2003—2016年上海市汽车制造业就业人数占制造业的比重（%）

资料来源　2004—2017年的上海统计年鉴。

4.2.4　税收供给效应

　　税收供给效应源于员工的个人所得税税额和企业税额。前者是RHQ集聚带来的直接税收效应，主要体现在员工的个人所得税方面。因为就职于RHQ的员工工资比较高，所以员工上缴的个人所得税税

额也会高于其他行业的员工而成为上海市一笔可观的财政收入。后者
则是 RHQ 集聚引致相关产业带来的间接税收效应，但是因为前者统
计数据的获得性较低，很难衡量，因此只能用后者来说明。

（1）企业税额呈波动上涨态势

汽车制造业企业税额在波动中呈现上升态势。2003—2016年，
尽管汽车制造业企业税额也在有的年份下降，但是总体来说，在波动
中呈现上升趋势，2016年达到历史高位，为 389.22 亿元，是 2005年
的 5.27 倍（如图4-9所示）。因此，汽车制造业的税收效应得以显现。

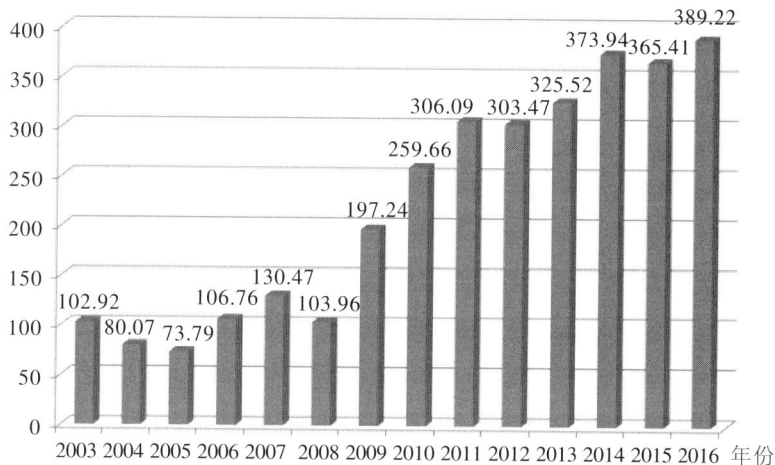

图4-9　2003—2016年上海市汽车制造业企业税额（单位：亿元）

资料来源　2004—2017年的上海统计年鉴。

（2）企业税额占比呈上升态势

从汽车制造业企业税额占比情况来看，尽管占上海市六个重点发展
工业行业产值的比重以及占规模以上制造业产值的比重存在明显差异，
但都呈现出上升趋势。前者在波动中的上升速度快于后者。2003—2016
年，前者从两成上升为四成，后者在两成左右徘徊（如图4-10所
示）。基于此，我们也可以推断，汽车制造业的税收效应已经得到
显现。

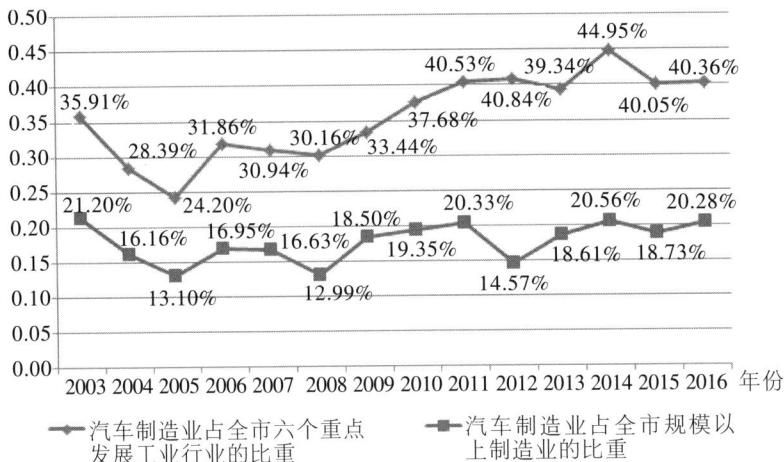

图 4-10 2003—2016 年上海市汽车制造业企业税额占比（%）

资料来源 2004—2017年的上海统计年鉴。

4.3 本章小结

RHQ集聚上海市，其中汽车产业RHQ集聚最为明显，由此带动上海市整个汽车产业的发展。上海国际汽车城最具代表性。汽车城内涵盖汽车研发、汽车制造、汽车贸易三大支柱产业。汽车研发集聚了包括舍弗勒研发中心（德国）在内的多家世界著名跨国公司研发中心。汽车制造由上汽大众、零部件配套工业园区、新能源汽车及关键零部件产业基地构成。汽车贸易则由包括安吉物流在内的多个功能区块组成。

上海市以汽车产业RHQ为核心形成产业集聚效应、资本放大效应、就业乘数效应、税收供给效应等。产业集聚效应形成了RHQ自身的集聚效应、以上汽大众为核心的轮轴型产业集群，以及带动地区汽车产业整体发展的态势。资本放大效应涵盖人力资本、社会资本以及物质资本放大效应3个部分，其中物质资本放大效应表现于汽车制造业固定资产投资规模止跌回升，汽车制造业地位越来越重要。就业乘数效应表现为汽车制造业的就业人数不断增加，就业人数占整个制造业的比重大幅增加。税收供给效应表现为员工个人所得税税额和企业税额。其中，汽车制造业企业税额呈波动上升态势，汽车制造业企业税额占上海市六个重点发展工业行业的比重以及占规模以上制造业的比重均呈现上升趋势。

第5章 集聚趋势

随着时间的推移，RHQ集聚效应已经逐渐显现出来，这将进一步助推各地吸引RHQ以及各类功能性机构的积极性，以致各地在"十三五"规划中都或明或隐、或详或略地将吸引RHQ以及各类功能性机构或者发展总部经济写入其中。这也意味着RHQ在中国的集聚趋势依然向好。本章将着重于各地"十三五"规划陈述RHQ集聚趋势。北京市和上海市已经进入集聚RHQ的升级版，其他省市则处于普通版本。

5.1 北京市集聚趋势

北京市早在2004年的《政府工作报告》中就已经提出吸引RHQ、发展总部经济。至今10余年已经过去，北京市正处于疏解非首都功能的关键期，强调政治中心、文化中心、国际交往中心、科技创新中心。围绕着这"四个中心"的建设，北京市RHQ的未来集聚趋势也处于转型升级的关键期。

5.1.1 朝阳区集聚趋势

朝阳区在"十三五"规划中明确提出：

①重点支持跨国公司区域总部和研发、设计、销售、结算等功能性总部发展，强化资源配置力和影响力。鼓励区域内现有跨国公司总部进一步提升总部能级，增强辐射力和带动力。鼓励区内企业全球化发展，支持企业通过在境外设立研发中心、分销中心、合资企业、产业投资基金等多种方式，开展国际化经营，培育壮大本土跨国公司总部，提高国际竞争力。

②发挥中关村朝阳园的示范引领作用。加快建设国际研发创新集聚区，大力推进基于新一代信息技术、新生物医药技术、新能源与节能技术的创新……电子城北区推进重点地块上市，实现大数据创新园、研发中心总部等重点项目落地，发挥国际创新、国际高端服务功能。

围绕"十三五"规划，朝阳区针对集聚 RHQ 的重点地区——CBD 功能区进行了规划。

其指导思想是：全面贯彻党的十八大，十八届三中、四中、五中全会和习近平总书记的重要讲话精神，以邓小平理论、"三个代表"重要思想和科学发展观为指导，紧紧围绕京津冀协同发展、北京"四个中心"城市战略定位和建设国际一流和谐宜居之都的目标要求，主动融入"一带一路"和京津冀协同发展的总体布局，坚持五大发展理念，以"一城四体系"的软硬环境建设为主要抓手，以高附加值金融业、高端时尚产业和互联网等新兴产业为新经济增长点，统筹推进首都服务业开放综合承载区、国家文化融合创新示范区和国际商务交往核心引领区建设，加快建设国际一流的现代化高端商务中心，为朝阳区建设"三区"①、全面建成小康社会作出积极贡献。"一城四体系"

---

① "三区"是指国际商务中心区、文化创新实验区、和谐宜居模范区。

指的是光华国际金融城、产业协同发展体系、CBD 企业信用体系、CBD 人才服务体系、CBD 环境品质体系。其中，高水平建设光华国际金融城意在打造国际顶级智慧化综合商务办公环境，吸引国际金融机构、世界 500 强企业、跨国公司及其他功能性总部入驻，使之成为世界一流财富之城。①

其基本原则之一是：坚持高端发展。以打造国际一流高端商务中心为目标，以提升总部经济发展能级为核心，积极发展以国际金融为龙头、以高端商务和文化创意产业为两翼的高精尖现代服务产业集群。加快提升服务管理水平，不断优化与国际接轨的软硬环境，引领和推动首都经济向高精尖化发展。

其发展目标之一是：国际交往功能日益凸显。打造成为企业引进来、走出去的双向服务平台，国际化优势进一步强化，跨国公司总部能级进一步提升，商贸、文化、会展等国际交流更加频繁，国际资源配置能力不断提高，国际交往配套服务水平不断提升，国际商务文化交流的枢纽功能不断增强，更加彰显国际竞争力和影响力。CBD 功能区"十三五"规划发展目标指标体系之一是：预期"十三五"结束时，中心区吸引跨国公司地区总部 100 家。

与总部经济有关的主要任务有如下两个方面：

（1）坚持空间优化，持续完善区域功能布局

①加快推进非首都功能疏解。

严格控制增量。严控新增一般性教育医疗机构及其规模，严控新增行政性、事业性服务机构和央企总部。有序引导跨国公司地区总部和面向国际化的教育培训机构与医疗服务机构在 CBD 中心区适度聚集。以严控增量助力功能区非首都功能的疏解。

②构建"一心两轴一带的空间总体格局"。

优化"一心"②，强化商务功能的核心竞争优势。该区域的发展方向是紧紧围绕首都核心功能的优化，着力提升 CBD 国际金融、高

---

① 《北京市朝阳区国民经济和社会发展第十三个五年规划纲要》。
② "一心"是指面积 7 平方千米的北京商务中心区，发挥商务核心功能。

端商务、文化传媒和总部经济的国际竞争力和影响力，重点探索服务业领域的对外开放、创新发展、融合发展和先行先试。

（2）引领首都经济高精尖发展，建设"创新CBD"

①着力提高区域创新能力。

打造服务业创智创新高地。围绕高端商务、金融、总部经济、文化产业、时尚产业等重点领域，积极搭建现代服务业融合发展平台，创新实施"互联网+"（服务业信息化）行动计划，提升信息技术对现代服务业发展的推动作用。

②优化提升总部能级。

首先，积极促进提升企业总部能级。重点吸引跨国公司区域总部和研发、设计、销售、结算等功能性总部，强化控制力和影响力。鼓励区内现有跨国公司总部进一步提升总部能级，增强辐射力和带动力。鼓励区内企业走出去发展，支持企业通过在境外设立研发中心、分销中心、合资企业、产业投资基金等多种方式，开展国际化经营，培育壮大本土跨国公司总部，提高国际竞争力。积极鼓励企业在总部结算，提升总部经济的贡献度。

其次，优化总部经济配套服务。加强总部企业对口服务，建立完善总部企业对口联系服务制度，积极协助总部企业解决经营管理中的配套环境问题。积极优化市场监督管理、税务、年检、海关等政务服务。建立完善的金融、商务服务、教育培训、生活休闲服务等商业支撑体系，优化商务环境；加强知识产权保护和社会信用体系建设，营造公平、公正的法治环境。

③创新发展商务服务业。

大力发展专业服务业。积极发展各类专业商务服务类总部企业，提高商务服务企业的服务功能。

④提升金融开放创新水平。

首先，高水平建设光华国际金融城。以高水平建设光华国际金融城为载体，以国际金融产业为龙头，积极吸引国际金融机构设立法人总部，大力引入世界500强金融企业的地区总部和区域总部；支持引导现有期货、证券、保险等金融机构扩大经营规模；积极引进新兴金融服务企业，积极发展融资性担保公司、财务公司、融资租赁公司等新兴金融服务机构；鼓励发展金融租赁，积极引进境内外私募股权投资基金（PE）和创业（风险）投资基金（VC）；积极发展消费金融，大力发展汽车金融公司、电子支付结算机构等金融服务机构。

其次，落实和探索金融开放政策。积极探索放开国际金融企业在国内开展金融业务的范围，积极争取CBD金融开放先行先试政策，进一步深化外资集中运营管理试点政策，积极打造跨境资金运营中心；充分利用CBD跨国金融保险企业总部集聚的优势，推动国际保险中心建设。

⑤积极发展高端时尚产业。

积极引进国际高端时尚产品、时尚品牌及时尚机构和企业，促进高端商业发展，引领全国消费时尚。积极吸引国际时尚品牌在CBD设立全国或亚太市场的代理总部和地区总部。

5.1.2　海淀区集聚趋势

在"十三五"规划中，海淀区强调深入推进融合创新。强化央地融合创新，充分发挥驻区央属高校、研究院所、企业等创新人才、科研设施、技术成果、市场推广等创新资源上的优势，服务对接好总部经济，引入社会创客、海外创新团队，鼓励央属单位探索融合创新的新途径。

海淀区规定，优先服务和引进的重点企业类型应属于：

①具有运营中心、利润中心等综合功能、区级税收贡献较大的各类总部企业（含地区总部，下同）及其销售中心或新增投资项目。

②重点产业领域的大中型龙头、骨干企业。

③重点产业领域内市场前景好、商业模式新、发展潜力大的高成长性企业。

④世界 500 强企业、重点产业领域龙头企业区域性研发中心。

⑤拥有核心技术、产业化能力强，并列入国家、市、区各级重点人才计划的领军型人才或团队的创业企业。

⑥国家级、北京市级专业化要素市场、平台机构；

⑦国际、国内知名的会计师、律师事务所和咨询机构。

符合上述规定，并由相关部门推荐的企业可被列为海淀区重点企业：

①上年度区级财政贡献突出的企业，由区财政局根据区税务部门提供的企业区级财政贡献排名情况进行推荐。

②跨国公司地区总部、大型国有企事业单位、上市公司及其他各种类型企业总部或下属骨干企业，以及驻区重要金融与商务服务业、重点投资机构、重点扶持的高新技术企业、优秀杰出人才创业企业等，由各牵头主管委、办、局进行推荐。

③区委、区政府确定推荐的其他重点企业。①

据此，我们可以知道，RHQ 在海淀园优先服务和引进的重点企业之列。在 2015 年发布的中关村国家自主创新示范区"十百千工程"首批企业名单的 123 家企业中，约有跨国公司独资和中外合资企业 30 家，其中千亿元级目标企业 1 家、百亿元级目标企业约 6 家、50 亿元级目标企业约 10 家、10 亿元级目标企业约 14 家（见表 5-1）。它们之中有许多已经被商务部或者北京市认定为 RHQ 或者研发中心，如中国惠普有限公司、微软（中国）有限公司、甲骨文（中国）软件系统有限公司、SMC（中国）有限公司、摩托罗拉（中国）技术有限公司等，或者有一些没有被认定，但事实上已经充当 RHQ 或者研发中心。

---

① 《北京市海淀区重点企业服务和引进支持办法》。

表5-1　　　　中关村国家自主创新示范区"十百千工程"
首批企业中的跨国公司独资和中外合资企业名单

目标企业	序号	公司名称
千亿元级目标企业	1	诺基亚通信有限公司
500亿元级目标企业	—	—
百亿元级目标企业	1	鼎桥通信技术有限公司
	2	拜耳医药保健有限公司
	3	中国惠普有限公司
	4	微软（中国）有限公司
	5	北京百纳威尔科技有限公司
	6	悦康药业集团有限公司
50亿元级目标企业	1	北京ABB电气传动系统有限公司
	2	甲骨文（中国）软件系统有限公司
	3	德信智能手机技术（北京）有限公司
	4	卓望信息技术（北京）有限公司
	5	北京诺华制药有限公司
	6	通标标准技术服务有限公司
	7	中芯国际集成电路制造（北京）有限公司
	8	北京德尔福万源发动机管理系统有限公司
	9	思爱普（北京）软件系统有限公司
	10	SMC（中国）有限公司
10亿元级目标企业	1	摩托罗拉（中国）技术有限公司
	2	北京源德生物医学工程有限公司
	3	北京汉铭信通科技有限公司
	4	网之易信息技术（北京）有限公司
	5	联通系统集成有限公司
	6	北京利德华福电气技术有限公司
	7	乐普（北京）医疗器械股份有限公司
	8	北京中星微电子有限公司
	9	北京科兴生物制品有限公司
	10	北京东方信联科技有限公司
	11	北京水晶石数字科技有限公司
	12	康辰医药股份有限公司
	13	北京宇信易诚科技有限公司
	14	北京北大维信生物科技有限公司

　　注：表中企业为作者依据中关村国家自主创新示范区"十百千工程"首批企业名单整理得到，难免会有出入，敬请谅解。

5.1.3 西城区集聚趋势

"十三五"期间，西城区强调更加鲜明的总部经济特征，加快发展科技创新型总部经济，同时严控总部企业。

（1）经济发展实现新跨越

充分发挥区域优势，着力构建高精尖经济结构，强化功能区支撑带动作用，服务经济、知识经济、总部经济特征更加鲜明，区域经济平稳、健康发展，质量和效益不断提高。

（2）建设都市型科技园

依托国家自主创新示范区高端创新要素和政策优势，着力推动科技与金融、文化深度融合发展，不断完善园区特色产业体系，探索有首都特色的都市型科技园发展模式。坚持高端化、服务化、融合化发展方向，加快发展科技创新型总部经济，加大科技研发投入，不断提升科技创新的支撑力和核心竞争力。加快建设北京设计之都核心区，服务好联合国教科文组织"国际创意与可持续发展中心"，加强国际创意领域交流合作，提升中国创新设计"红星奖"的国际影响力，以高端设计引领产业和消费升级。落实中关村"一区多园"统筹发展意见，在京津冀区域充分发挥都市型科技园的引领辐射作用。

与此同时，西城区还提出要优化提升首都核心功能，严格控制增量。严禁京外中央企业总部迁入，严控新增的其他总部企业集聚。[①]

5.1.4 丰台区集聚趋势

丰台区强调提升商务服务产业层级。加快建设丽泽、科技园区等重点功能区，优化商务楼宇及配套设施品质，重点发展企业管理、会展、广告和中介咨询等商务服务业高端行业，推进商务服务业的高端化和品牌化发展。以企业管理服务为带动力，推动国内外品牌企业研

---

① 《北京市西城区国民经济和社会发展第十三个五年规划纲要》。

发、营销、结算等功能性机构入区发展，支持总部企业做大做强。以会展服务为亮点，提高承办大型会议会展的服务能力，打造品牌展会中心。以广告服务为特色，发展广告服务产业市场研究、营销企划、媒介投放等高端环节。以专业中介咨询服务为补充，大力促进信息咨询、管理咨询、技术评估、专业培训、法律及会计服务等行业加快发展。①

5.2 上海市集聚趋势

上海市是中国高度集聚 RHQ 的另外一个城市。在"十三五"规划中，上海市提升了"引进来"的能级和水平。把利用外资和转方式、调结构结合起来，更加注重引进先进技术、管理经验和高素质人才，更加注重吸引集聚跨国公司总部、国际组织和国内各类企业总部，提高上海市在全球价值链中的地位。提升总部经济发展能级。完善跨国公司总部经济支持政策，吸引跨国公司地区总部、研发中心等功能性机构集聚，推动已有跨国公司总部拓展贸易、研发、物流和结算等功能，向亚太总部、事业部全球总部升级，鼓励外资研发中心升级为全球研发中心和开放式创新平台。吸引国际经济、金融、科技、文化、体育、知识产权等国际组织在上海市设立机构。加快引进国内各类企业总部，支持"两头在沪"企业发展。到 2020 年，上海市新增跨国公司地区总部超过 200 家。上海市浦东新区、静安区、黄浦区、长宁区等都在规划继续集聚 RHQ、发展总部经济。

5.2.1 浦东新区集聚趋势

浦东新区是上海市集聚 RHQ 最多的区位，"十三五"期间的目标之一是：到 2020 年，创新转型取得明显成效。金融、航运、贸易等跨境资源配置能力显著增强，跨国公司地区总部和国内企业总部累计新增 50 家。

---

① 《北京市丰台区国民经济和社会发展第十三个五年规划纲要》。

（1）浦东新区的重点任务

围绕集聚RHQ、发展总部经济的重点任务是：

①以自贸试验区建设进一步深化改革开放。

进一步完善对外开放布局。坚持引进外资与对外投资并重，积极有效引进境外资金、高端人才和先进技术，推动跨国公司总部进一步拓展贸易研发功能，建立完善跨境投资服务体系，支持区内企业扩大对外投资，鼓励企业开展跨境并购、合作投资，努力培育一批本土跨国企业，推动跨国公司和本土企业联动发展，鼓励外资研发中心建立开放式创新平台。

②着力提升参与全球资源配置的能力。

第一，提升金融机构体系的能级和活力。继续做好支持金砖国家新开发银行落户浦东新区的各项工作。加大重量级、功能性金融机构的集聚力度，吸引具有国际影响力和市场竞争力的金融机构在浦东新区设立全球总部或区域总部。加快引进新兴金融和准金融服务机构，通过境外推介、创新试点等措施吸引财富管理机构集聚，进一步推动融资租赁行业快速发展。

第二，加快集聚航运高端要素。吸引国际领先的船公司、第三方物流公司亚太总部落户，构建现代物流服务体系。集聚船舶管理、航运经纪、航运保险、海事法律等高端航运服务业，逐步形成国际船舶管理中心、国际船舶交易中心、航运保险业务中心、海事争端解决中心等。引进国内外航运功能性机构，积极参与国际航运法律、规则、标准的制定和实施，逐步增强国际航运资源配置力。

第三，提升贸易主体能级。吸引各类国际投资贸易组织与机构、贸易纠纷解决机构、国际经贸组织或分支机构落户。积极推进总部"置业计划"，建设多元化的滨江总部经济集聚区。注重发展制造业总部与服务业总部并举，引进外资跨国公司总部与培育本土企业总部并举，强化培育和集聚高能级总部实体，努力培育一批具有亚太运营功能的高能级总部。同时，推动总部经济向高度、广度、丰富度发展，积极争取在教育培训、人力资源、高端餐饮等领域引进和培育跨国公司地区总部。

③深入实施创新驱动发展战略。

优化功能联动互补的创新创业空间。以张江高科技园区为核心，着力打造从基础研究、源头创新、技术转移转化到高新技术产业的完整创新链。向北依托金桥和外高桥，发挥自贸试验区制度创新优势和跨国公司总部、研发等功能性机构的集聚优势，促进研发成果高效转化，推进高技术制造业和专业服务业融合发展；向南依托康桥工业园、国际医学园区、南汇工业园、临港地区等，发挥产业基础优势和空间资源优势，加快创新成果落地，成为产业转化的承载地，形成国内规模大、创新链完整、集聚和辐射能力强的创新走廊。

④大力推进"4+4"重点区域开发建设。

优化提升成熟开发区域功能。陆家嘴金融贸易区建设成为全球一流的金融城、高端航运集聚区和世界级的中央商务区。积极引进总部型、功能性、国际性金融机构，着力发展以高能级融资租赁、资产管理等为代表的新兴金融业态。外高桥等保税区进一步发挥国际贸易、国际航运、保税物流、外贸口岸等功能优势，努力在总部经济、离岸贸易与服务贸易、融资租赁、自由贸易账户等领域实现新的突破。张江高科技园区着力推进国际领先的科技城建设。依托"双自联动"优势，深化科技创新体制机制改革，加快建设张江综合性国家科学中心。优化科技公共服务平台体系，建设创新创业集聚区，形成国际化众创孵化基地。金桥经济技术开发区努力建设成为全国智造业升级示范引领区、生产性服务业新兴业态培育区以及生态文明持续创新示范区。加快向新能源汽车、自动化和智能装备、新一代信息通信技术等产业领域转型升级，聚焦核心领域和关键技术的创新突破，培育和发展一批产业孵化平台和众创空间。[①]

（2）重点区域的未来趋势

围绕浦东新区"十三五"规划，各重点区域也都在各自的"十三五"规划中，对于如何集聚RHQ、发展总部经济作出了相应的规划。

---

① 《浦东新区国民经济和社会发展第十三个五年规划纲要》。

其具体如下：

①陆家嘴金融城。

陆家嘴金融城将紧紧抓住人民币国际化进程加快的机遇，充分发挥上海自贸试验区改革开放和制度创新的平台作用，努力建成国际一流的金融城、世界级中央活动区、金融贸易制度创新先行区和成为上海市建设全球城市的战略支点，即"一城两区一支点"。

陆家嘴金融城在"十三五"期间将着力培育和发展壮大五大功能：强化高端要素集聚功能，打造"陆家嘴价格""陆家嘴标准"；强化全球资源配置功能，打造中国乃至亚太经济中枢；培育文化生成引领功能，打造上海时尚文化风向标；培育创新创业创投功能，打造陆家嘴发展新引擎；优化生态宜居功能，打造魅力绿色国际社区。同时，以总部经济及其跨境投融资活动为依托，陆家嘴金融城要积极融入全球城市网络体系，发出引领全球的"陆家嘴声音"，提升国际沟通力、传播力和影响力，打造国际信息枢纽。①由此可见，未来的陆家嘴将会集聚更多的RHQ以及国内外金融机构。

②金桥经济技术开发区。

金桥经济技术开发区位于浦东新区中部，聚集了汽车、新能源、新一代信息技术等领域的企业，先进制造业和生产性服务业相互融合促进。

"十三五"期间，金桥经济技术开发区将建设成为四大特色区：

第一，产业转型示范区。继续推动"金桥制造""金桥服务"的协同发展，探索在制造业"微笑曲线"研发、设计、销售、服务等环节实现国际化发展的路径，加速"互联网+"、"物联网+"、虚拟现实等跨界融合产生的生产性服务业新兴业态培育。充分发挥科技和金融要素的融合带动发展，探索有金桥特色的自贸试验区发展之路。

第二，智能制造培育区。立足金桥经济技术开发区现有智能装备与机器人、新能源汽车与汽车电子等先进制造业基础，围绕制造业重大领域关键技术、共性技术展开应用创新，统筹利用两种资源、两个

① 上海浦东门户网站.陆家嘴金融贸易区十三五规划发布[EB/OL].[2019-03-18].http://www.pudong.gov.cn/shpd/news/20170301/006001_a1d8d23d-1f92-4232-8b9e-c5402b17e252.htm.

市场，实行更加积极的开放战略，推动制造业向价值链两端发展，全面提升"金桥制造"的国际竞争力，成为上海市打造高附加值、高技术含量的国际高端制造中心的核心载体之一。

第三，城市副中心功能创新区。推动金桥经济技术开发区主导功能从产业功能向非经济领域扩展，进一步完善配套设施，增加公共空间，提升城市空间品质，增强金桥经济技术开发区核心功能的辐射能力，打造面向金桥开发区及周边区域的综合服务中心，推动金桥经济技术开发区实现"深度城市化"的城市版本升级。

第四，绿色低碳实践区。积极倡导绿色低碳的生活方式，打造形态多元、功能复合的城市生态开放空间等。

围绕打造四大特色区，金桥经济技术开发区将以自贸试验区先行先试取得多领域突破，吸引跨国研发总部及研发中心35家。①

③张江高科技园区。

张江高科技园区（以下简称张江园）主要集聚国内外研发中心，创建于1992年7月，是张江国家自主创新示范区的核心园。张江国家自主创新示范区包括原张江高科技园区、康桥工业园、国际医学园区，承担着打造世界级高科技园区的国家战略任务。2015年4月经国务院批准，张江园被纳入中国（上海）自由贸易试验区。张江园努力打造"医产业"集群和"E产业"集群。前者涵盖医药、医疗、医械、医学的医疗健康产业；后者则是基于互联网和移动互联网的互联网产业。截至2019年4月，张江园共集聚了1万多家企业，其中经认定的高新技术企业685家，国家级、市级、区级研发机构403家，RHQ共50余家。②

"十三五"期间，张江园将努力建设"一心两区一城"。"一心"，即建设张江综合性国家科学中心；"两区"，即建设具有全球影响力科技创新中心的核心承载区和"双自联动"改革示范区；"一城"，即建

---

① 《金桥经济技术开发区暨中国（上海）自由贸易试验区金桥片区发展"十三五"规划》。
② 张江高科技园区. 关于我们 [EB/OL]. [2019-03-18]. https://www.zjpark.com/guanyu.html.

设世界一流的科学城。

④中国（上海）自贸试验区保税区片区。

中国（上海）自贸试验区保税区片区（以下简称保税区片区）由上海外高桥保税区、外高桥保税物流园区、洋山保税港区和上海浦东机场综合保税区4个海关特殊监管区域组成，规划面积为28.78平方千米。保税区片区总部企业培育成效显著，截至2015年年末，RHQ达到62家，营运中心达到225家，亚太营运商达到42家，总部企业累计超过300家，总部经济在区域经济总量中的比重超过40%。平台经济功能进一步拓展，6家大宗商品国际现货交易市场完成筹建，国家对外文化贸易基地入驻企业320余家，交易额占全市艺术品进出口通道服务市场的20%以上。金融服务功能进一步增强，挂牌以来累计新设"一行三会"金融牌照机构及再投资项目130家、类金融机构等7 714家，上海国际能源贸易中心、上海国际黄金交易中心等面向国际的金融要素市场在区内成立并运作。

"十三五"期间，保税区片区将加快总部经济集聚，具体包括：

第一，进一步拓展RHQ功能。重点培育贸易类的RHQ和营运中心，聚集全球事业部、管理型、营运控制、投资类、研发类、贸易结算类、采购销售等总部型机构，吸引国内企业总部，打造"引进来""走出去"总部集聚地。

第二，加快培育亚太营运总部功能。进一步优化监管模式，加大对亚太营运商整合贸易、物流、资金结算等业务的支持力度，加快形成亚太区的订单中心、供应链管理中心和资金结算中心。

第三，培育投资型跨国公司资金管理总部。支持区内企业运用金融创新政策设立投资型跨国公司资金管理总部，推动区域总部经济从单一业务运作中心向"业务运作+资金管理"双中心模式转型升级。

第四，集聚跨国物流公司区域总部。推动突破国际船舶登记制度，参照新加坡推出的核准国际船务企业计划、核准船务物流企业计划、海事金融优惠计划、国际船运企业等优惠政策，研究出台企业扶持政策，促进跨国物流公司区域总部集聚。

第五，打造本土企业境外投资总部基地。支持企业创新运用金融创新政策"走出去"开展国际收购、兼并以及对外投资，努力打造成为本土跨国公司境外投资的总部基地。[①]

5.2.2　静安区集聚趋势

静安区继续打造上海总部经济高地。把握国际产业向中国转移的契机，坚持高品质、高附加值、高集聚度、高关联性、高开放度原则，重点围绕商贸流通业、金融服务业、软件和信息服务业、专业服务业、文化创意产业，以及电子商务、健康服务、节能环保和生物医药等新兴产业，通过集聚一批跨国公司地区总部以及研发、技术、管理、采购、销售等项目，以及提供科技中介、技术产品展示，以及交易、会计、法律、咨询等综合配套服务项目，吸引跨国公司中国总部、区域总部、功能性总部和众多国内品牌企业入驻，使静安区成为国内大企业、跨国企业、国际商业机构云集的地区，形成健全的经济体系和庞大的商业规模，在不断提升区域经济总量和产业水平的同时构建完善的总部经济链条，扩大区域经济辐射效应的范围，增强本区域经济的控制力和服务全国、长三角地区的影响力。

"十三五"期间，静安区计划新增RHQ20家，涉外经济税收占全区总税收比重达到52%。

为延续"十二五"成绩，顺利完成"十三五"目标，静安区部署了一系列重点任务，其中与集聚RHQ有关的重点任务是：

①实施卓越科技实体引进工程。放眼全球，通过出台人才、税收和用地等专项扶持政策，在前沿技术领域、行业标杆层次和关键主体方面，集聚全球高端创新要素，积极吸引顶尖跨国企业在静安区新设区域乃至全球研发中心，升级已有研发机构能级。努力引进全球一流的科技服务机构，包括创投、风投、知识产权事务所等，在静安区开设分支机构甚至建立总部。

[①]　《中国（上海）自由贸易试验区保税区片区开展"十三五"规划》。

②加快"三个经济"发展。①继续大力推动"三个经济"跨越式发展，实现"三个经济"集聚化、规模化、持续化发展，使之成为引领产业发展的动力和新型产业体系的核心支撑。以打造贸易总部和物流总部为抓手，推动总部经济发展。以创富中心为核心区域重点发展高端贸易总部经济。通过建设贸易功能性项目和综合性贸易服务平台，吸引跨国公司地区总部和国内大企业总部集聚，引导总部企业进一步设立采购中心、分拨中心、财务中心、结算中心、营销中心、品牌培育中心等功能性机构。

③在总部经济企业人员方面，参照国内其他省市经验，设立政府奖励机制，总部企业中的高端关键人才个人所得税负与国际接轨。简化总部企业员工出入境手续，简化其外籍员工就业许可手续。②

5.2.3 虹口区集聚趋势

虹口区为进一步优化营商环境，促进各类总部要素集聚，加快产业创新转型，推动实现高质量发展，于2018年4月出台了《加快发展总部经济的实施意见》，主要包括：对新引进的地区总部、总部型机构、高成长型总部、总部型特征企业，经认定，根据其营收规模以及实缴注册资本，给予最高不超过1 500万元开办补助。

①对新引进的各类总部，购买或自建自用办公用房的，经认定，按照不超过实际房价的2%给予补助，最高不超过1 000万元。享受补助期间，总部不得对外出售出租办公用房或改变其用途。对新引进的各类总部，租赁自用办公用房的，根据实际租赁自用面积，连续3年给予租金补贴，第1年、第2年、第3年分别补助年度租金的30%、20%、20%，累计补助最高不超过1 000万元。

②对新引进的各类总部，租赁或购买自用办公用房的，根据其营收规模，按照不超过办公用房实际装修总额的30%给予资助，最高不超过300万元。对新引进的和现有的总部，按其对虹口区的贡献程

---

① "三个经济"指的是总部经济、楼宇经济和涉外经济。
② 《静安区涉外经济"十三五"发展规划》。

度，经认定，5年内每年给予一定经营奖励。其对虹口区的贡献程度，根据企业发展的实际需求、经济贡献、科技创新、促进就业、节能减排、社会诚信和安全生产等因素进行综合考核评价。

③对总部型机构中高层管理人员和专业人员的扶持和服务力度。对新引进的地区总部、总部型机构、高成长型总部、总部型特征企业的高层管理人员，经认定，每人给予最高20万元的安家费补助。对新引进的地区总部、总部型机构、高成长型总部、总部型特征企业，在企业担任董事长、总经理、监事长职务的高层管理人员，在上海市购置自有住房的，经认定，每人给予最高50万元的补助。住房补助与安家费补助就高，但不重复享受。

④对新引进各类总部的中高层管理人员和专业人员，入住虹口区人才公寓或租赁自用居住用房的，经认定，按照不超过实际租房租金的1/3给予补贴，每人每月租金补助不超过3 000元，补助年限一般不超过3年。

⑤对新引进和现有各类总部的高层管理人员，按其个人的贡献程度，经认定，在一定年限内给予重点奖励；对中层管理人员和专业人员，按其个人对虹口区的贡献程度，经认定，在一定年限内给予一定奖励。个人对虹口区的贡献程度，根据总部人才引进和培育的实际需求、经济贡献、科技创新、社会服务、职业操守和遵纪守法等因素进行综合考核评价。

将建立完善总部型机构各类人才一站式服务，在办理签证、外国人就业许可、居住证积分、居转户和人才引进等方面提供全方位服务，对符合申请办理本市户籍和人才居住证条件的总部型机构重点人才，建立服务"绿色通道"。①

5.2.4　黄浦区集聚趋势

黄浦区以服务业高端化、国际化、创新力为重点，以金融服务业

---

① 周楠. 虹口区出台《加快发展总部经济的实施意见》[EB/OL]. [2019-03-18]. http://www.shhk.gov.cn/shhk/xwzx/20180502/002003_77b7974e-3ce5-4747-871b-dc0a29d7a0f4.htm.

为核心，特别注重提高六大产业发展质量和效益，不断提升经济影响力。六大产业包括金融服务业、商贸流通业、文化创意业、专业服务业、休闲旅游业和航运物流业。

根据上述六大产业，黄浦区将围绕上海"四个中心"战略，积极集聚各类RHQ和功能性机构。

①大力发展以融资租赁、创业投资、股权投资、并购基金、二级市场私募、国际知名另类投资、财富管理等为重点的新金融行业。加强与国家级金融要素市场、战略功能主体的合作，加快集聚大型金融企业总部、功能性业务总部和具有影响力的国际金融机构。

②加快集聚国内外大型贸易企业、大型连锁品牌的地区总部、营运中心、结算中心、销售中心、投资中心、管理中心和采购中心，积极吸引有影响力的国内外贸易组织、贸易促进机构，不断增强商贸业集聚辐射能力，把黄浦区建设成为国际贸易中心的核心功能区。

③加快吸引国内外知名航运物流公司总部和核心管理机构入驻，强化航运物流业头脑决策中心及窗口平台功能，打造门类齐全、资源高效配置的国际航运物流服务供应链，加快形成较为完整的国际航运物流产业集群。

④加快集聚全球行业品牌，支持会计、审计业领军企业加快产业链延伸步伐，提升发展高端人力资源管理服务，鼓励和支持律师事务所开拓服务领域。强化专业服务业对金融、商贸、航运等行业的支撑服务功能，把黄浦区建设成为上海市最具标志性和影响力的专业服务集聚地。①

5.2.5　其他城区集聚趋势

（1）徐汇区

"十三五"期间，徐汇区强调加快引进国内外企业总部，即进一步引进国内外知名企业的地区总部、区域总部、业务总部、研发中心

---

① 上海市黄浦区人民政府．重点产业［EB/OL］．［2019-03-18］．http://www.shhuangpu.gov.cn/qq/004001/004001006/subpageSingle.html．

和投资性公司，形成总部经济效应；重点吸引国内外具有标杆引领地位的经营主体、世界知名服务业企业，以及国际国内贸易组织、贸易促进机构和行业组织。[①]

（2）长宁区

长宁区强调大力发展总部经济和平台经济。注重把总部经济和平台经济作为提升产业能级的重要途径，作为"招留增"工作的优先方向。促进总部企业集聚发展。支持现有企业通过业务整合、资源盘整，提升规模和能级。进一步加大国内外知名企业总部的引进和服务力度，重点集聚潜力大、效益高的管理总部、运营总部、结算总部、研发中心等。鼓励大型贸易企业提升贸易功能和贸易网络控制能力，进一步提升现有航空总部企业能级，促进航空服务类企业总部集聚发展。支持基于互联网的各类平台型企业创新发展。重点支持生活服务、贸易、金融、文化，以及法律、知识产权服务等平台经济发展，不断增强区域经济的集聚辐射能力。着眼产业链高端环节，推进壮大龙头电子商务平台。大力支持贸易类、航空服务类行业组织做大做强。另外，长宁区强调集聚高能级的贸易主体和服务机构入驻。继续吸引和集聚国际和国内贸易组织、贸易促进机构和行业协会。加强与贸促会沟通，争取上海国际仲裁中心落户。积极争取外资研发中心、与技术贸易相关的展会等活动落户。"十三五"期间，长宁区的目标是吸引15家左右的RHQ入驻。[②]

5.3 广东省集聚趋势

"十三五"期间，广东省将总部经济、金融服务、现代物流、科技服务、商务服务、新兴信息技术服务、电子商务、文化创意和设计服务、服务外包等生产性服务业，以及商贸服务、健康服务、家政服务、旅游服务、体育服务等生活性服务业作为其现代服务业发展重点领

---

① 《徐汇区徐家汇地区发展"十三五"规划》。
② 《长宁区国民经济和社会发展第十三个五年规划纲要》。

域，并明确提出：培育高端产业集群，吸引跨国企业区域总部和国内大型企业国际总部入驻。广东省对其所辖的各市确定了不同的发展定位。

5.3.1　广州市集聚趋势

"十三五"期间，广东省对于广州市的发展定位是："国家中心城市、综合性门户城市、区域文化教育中心，建设国际航运中心、物流中心、贸易中心、现代金融服务体系和国家创新中心城市，建设国际性综合交通枢纽。"进一步强调："大力发展科技创新、总部经济、金融服务等服务于区域经济的机构和业态，促进产业集聚，占据现代服务业和先进制造业高端，推动与周边城市形成梯度分工合理的产业布局。"

依据广东省"十三五"规划要求，广州市强调着力打造珠江新城、广州国际金融城、琶洲互联网创新集聚区融合发展的黄金三角区，重点发展总部经济、现代服务业、科技型服务经济，打造形成广州市总部、金融、科技集聚区，进而提出加快建设区域总部经济中心。其具体措施包括：

①实施总部经济发展3年行动计划，培育壮大本土总部企业，吸引更多的企业在广州市设立总部、区域总部，以及跨国运营中心、销售中心、结算中心、共享服务中心。

②优化总部功能布局，做好总部集聚区的建设与土地利用总部规划的衔接，建立广州市总部经济集聚区"1+N"的发展格局，形成10个以上具有核心竞争力的总部经济集聚区。

③提升广州市总部经济能级，推动本土总部企业开展跨区域投资和经营，吸引市外企业在广州市设立区域总部的基础上，着力推动在广州市设立事业部全国总部、亚太总部、全球总部。

④营造适合总部企业发展的市场化、国际化、法治化营商环境和便利、宜居的生活环境。

⑤鼓励跨区重组发展总部经济。

广州市将在重点区域加快建设临港、航空、服务贸易、金融、研发、海洋、工业、互联网企业等总部经济：

①加快建设南沙粤港澳航运服务示范区和黄埔临港经济区，大力发展航运交易、航运金融、航运经纪、航运法律服务，以及邮轮租赁等现代航运服务业，打造临港总部经济和港航服务业集聚区。

②发展"航空+"新业态，壮大临空总部经济、跨境电商、临空型高技术产业、远程健康服务、低空服务等业态，把广州市建设成为国际航空总部集聚区、跨境电子商务门户、航空健康医疗基地和低空公共服务中心。

③将天河区中央商务区、琶洲国际会展中心区建设成为以商贸服务、金融服务、电子商务和会展服务为优势领域的服务贸易总部经济示范区。

④大力发展各类金融机构。支撑在广州市的银行、证券、保险、基金、信托、期货等法人金融机构做大做强。争取设立民营银行、财务公司、专业性保险公司等创新型金融机构，规范发展股权投资基金、小额贷款、融资担保、融资租赁、典当行、商业等类金融机构，做大金融总部经济。

⑤鼓励跨国公司来广州市设立研发总部和研发中心，大力引进国际一流高校和研究机构来广州市合作设立分支机构或新型研发机构，参与全球科技项目研发攻关。

⑥以南沙新区为核心，与番禺区、黄埔区、海珠区等互动发展，加强广州国家海洋高技术产业基地、广州南沙新区国家科技兴海产业示范基地建设，重点发展海洋综合服务与高技术产业、特色滨海旅游与休闲渔业、海洋总部经济与专业服务，打造一批海洋产业集聚区。

⑦制造业发展以产业区块为主体形态。以城市更新为契机，推动旧厂房、零散工业和村级工业园区成片改造，大力发展工业总部经济、服务型制造业和都市工业。

⑧建设互联网领军企业总部基地，抓紧完善集聚区基础设施和公共服务配套。重点引进一批国内外互联网总部企业，引领和培育一批本土互联网经济领军企业，带动互联网企业集聚、集群发展。[1]

---

① 《广东省国民经济与社会发展"十三五"规划汇编》。

5.3.2   深圳市集聚趋势

广东省"十三五"规划对于深圳市的发展定位是：全国经济中心城市、国家创新型城市，建设中国特色社会主义示范市、国际化城市、国家自主创新示范区，以及科技和产业创新中心、具有世界影响力的国际创新中心。推动深圳市与香港特别行政区共建全球性金融中心、物流中心、贸易中心、创新中心和国际文化创意中心。

深圳市在"十三五"规划中明确提出加快发展总部经济。优化总部经济发展环境，完善总部经济政策体系，统筹推进总部基地的规划建设。围绕重点领域和重点产业，加大招商引资力度，引进世界500强企业、大型央企和民营领军企业集团，支持在深圳市设立国际总部、区域总部或职能性总部，推动一批产业层次高、带动能力强的大项目落户。鼓励龙头骨干企业开展兼并重组、资源整合，加快形成一批拥有世界品牌的大企业。鼓励本土企业开展跨国经营，通过跨国并购、海外上市等方式拓展海外市场，重点培育一批具有国际竞争力的跨国企业。

5.3.3   珠海市集聚趋势

"十三五"期间，珠海市与集聚 RHQ 有关的战略主要包括以下几个方面：

（1）实施金融强市战略

发展壮大总部金融、私募金融、互联网金融、小微金融、众创金融、跨境金融、海洋金融和丝路金融[1]，构建具有珠海特色的金融产业体系。

（2）加快发展高端服务业[2]

把握全球经济中高端服务业的竞争趋势，以壮大规模、优化结

---

[1]   丝路金融是在国际金融危机之后的世界经济和政治格局发生巨大变化的背景下起步，在"一带一路"倡议为核心的对外开放战略之下，中国对于全球治理的积极参与，聚集于跨境的基础设施投资，而金融为最重要的手段之一。中国倡导成立新金融开发机构，为国家和地区间的互联互通提供资金支持，进而可以促进相关国家的经济增长，成为世界经济未来增长的新引擎。

[2]   高端服务业包括现代金融、商务会展、总部经济、休闲旅游、高端物流、文化创意、科技服务等。

构、突出特色、增强功能、提升能级为重点，强化城市集聚辐射功能，建设对接港澳、辐射大西南的航运中心、物流中心、科技创新中心和总部经济基地。依托横琴粤港澳现代服务业集聚区，大力发展总部经济、商务金融服务等产业。

（3）创新发展特色海洋经济和生态农业

以国有企业为平台，以洪湾渔港为依托，吸引国内外大型远洋渔业企业来珠海市设立总部，大力发展外海远洋渔业，组建外海远洋渔业船队，力争外海远洋捕捞渔船数达80艘。

（4）提升招商引资质量

把握国际新技术、新产业、新商业模式的发展趋势，创新利用外资方式和渠道，鼓励跨国公司在珠海市设立地区总部和区域性研发、物流、销售、财务中心，引进一批产业带动力大、集聚效应强、支撑经济发展的龙头骨干项目。

5.3.4 汕头市集聚趋势

"十三五"期间，汕头市将着力推进总部经济相关建设，具体如下：

（1）加快推进核心区开发建设

加快完善"一港一中心三片区"①交通、能源、水利、信息及市政基础设施建设，着力推进华侨创新产业城、锦峰华侨城金融中心、国际潮商总部大厦、粤东国际金融广场和潮汕历史文化博览中心等项目建设，培育壮大珠港新城、东海岸新城、南滨新城的跨境金融、商务会展、总部经济、文化创意、博览交易等高端服务业，形成功能集聚、空间集约、海陆统筹的发展格局。

（2）发展壮大总部经济

大力引进与重点培育相结合，利用现有产业优势和潮汕侨胞的人脉与商脉，着力引进华侨、潮商知名企业和国内外大型企业知名总部企业入驻。着力服务好现有总部企业，促进本土企业发展壮大。大力

---

① "一港"，是指广澳港区及相关区域。"一中心"，是指汕头湾出海口。"三区"，是指北部新兴产业区、南部临港产业区和南澳生态旅游区。

培育具有发展潜力的企业，加快成为优势产业总部企业，增强汕头市参与国际产业分工、带动区域经济发展的综合实力。

（3）增强金融服务发展能力

支持银行、证券、期货、保险等各类金融机构在汕头市设立分支机构以及区域总部、业务管理总部等总部性机构。鼓励发展票据交换中心、外包服务中心、授信审批中心、后台服务中心等功能性机构。支持在"华侨试验区"设立粤东小额贷款公司资金调剂中心和融资再担保平台。

（4）大力提升利用外资水平

根据先进制造业和现代服务业发展方向，加强新型招商队伍建设，积极吸引世界500强企业、跨国公司、国内行业龙头企业来汕头市投资，将更高技术水平、更高附加值的加工制造环节和产品向汕头市转移，争取跨国公司前来设立地区总部、研发机构、采购中心等，优化投资结构。

（5）确定总部经济、金融服务、航运物流、电子商务、文化创意、商务会展等为汕头市现代服务业发展方向

总部经济中，引进世界名企、海内外潮商集团、国内大型企业集团设立区域总部或职能总部，支持侨资和外资设立金融运营机构、代表处和银行区域总部，支持企业通过资本运作进行并购重组，加快成长为总部企业。加快推进珠港新城总部经济园区、五矿粤东总部新城和潮尚城等总部大楼建设，引导粤东地区规模大、实力强的龙头企业、本地行业协会、在汕头市注册的异地商会以及境内外潮汕籍企业入驻建设总部大楼，打造辐射粤东、闽西南和赣东南地区，集聚全球潮商资源的区域企业总部集聚区。

（6）发展特色鲜明的海洋经济

加快发展海洋金融服务业、涉海商务服务业、海洋信息服务业、蓝色总部经济等现代海洋服务业，推动传统渔业向现代渔业转型、传统养殖向现代养殖转变，大力发展远洋渔业，构建具有较强竞争力的现代海洋产业体系。

（7）打造现代服务业集聚区

①环汕头湾都市服务集聚区。珠池港现代都市服务集聚区重点发展现代金融、总部经济、商业地产、研发设计等现代都市型服务业，打造粤东地区金融商贸和潮商总部基地。

②龙湖现代生产服务集聚区。针对龙湖区工业企业与住宅区交错混杂的问题，大力推动"退二进三""退城进园"的步伐，大力发展总部经济、金融证券、研发设计、现代物流、创意产业、服务外包等现代生产服务业，有效将原有工业企业改造成为现代生产服务集聚区。

（8）推进中心城区扩容提质

继续实施"北优、南拓、东扩、西联"的城市空间布局战略。北优，即优化提升城市品质和产业形态，实现北部主城区"腾笼换鸟"，重点推进11街区-珠港新城和粤东物流新城建设，打造粤东金融商贸文化中心和粤东总部基地。珠港新城将高标准打造国际化CBD和区域级总部基地；粤东物流新城以工业物流、商贸物流为重点，完善仓储、分装、配送、加工等物流服务，集聚物流企业总部，发展第三方物流等新兴业态，建设区域性物流中心和物流企业总部基地，服务粤东地区加工制造企业。

5.3.5　佛山市集聚趋势

"十三五"期间，佛山市与总部经济有关的着力点主要体现在以下方面：

（1）推动佛山国家高新区创新发展

强调加强规划统筹，健全"一区五园"①行政管理模式，推进各园区协调错位发展。"一区五园"创新发展布局中与总部经济有关的是：

①南海园，形成"三城四园三基地"②的产业布局，重点发展机

---

① "一区五园"包括南海园、禅城园、顺德园、高明园、三水园，佛山高新区对五园实行错位发展。
② "三城"，是指产业智库城、佛山汽车产业城、以佛山西站为核心的交通枢纽城。"四园"，是指光电显示园、高端装备制造园、环保产业园、生物医药园。"三基地"，是指新光源产业基地、现代观光农业基地、新材料基地。

器人、互联网+智能制造、3D打印、光电、高端装备制造、整车及零部件等主导产业，以及新材料、节能环保、生物医药等战略性新兴产业，培育发展总部经济、工业设计等服务业，着力打造"1+2+3"现代产业体系。

②禅城园，重点发展总部经济、研发设计、创新产业等生产性服务业，集聚高端装备制造、新电源、节能环保等优势制造业及现代服务业总部企业，结合都市型产业载体建设，同步发展云计算、新媒体等新一代信息技术服务业，改造提升陶瓷等传统优势产业。

③顺德园，重点发展智能家电、先进装备制造等主导产业，培育发展环保与新能源、生物医药等新兴产业，加快建设特色总部、信息服务、金融服务等生产性服务业。

④高明园，重点发展机械制造、轨道交通、新能源汽车等先进装备制造产业，加快发展新材料、光电、精细化工产业，改造提升纺织服装、石化塑料、金属材料、食品饮料、家居建材等传统优势产业。

⑤三水园，重点发展汽车零部件、先进装备制造、光伏等主导产业，协同推进生物医药等辅助性产业。①

（2）推进中德工业服务业创业升级

突出市场导向和以技术服务为纽带，融入资本要素，推进以引进培育工业技术服务的前沿机构和骨干企业落户为首要任务的创业升级。与德国深入开展研发创新、企业总部、国际商务及中介服务等领域的合作，建立公共工业服务支撑体系。重点建设中欧中心、中欧高技术服务平台、中欧实验室等重大平台，加快推进德国弗劳霍夫协会绿色建筑示范工程、欧司朗研发中心、微软创新中心等一批重点项目。推进"引制德国"模式，推动欧洲中小微企业服务中心、知识产权法庭等平台进驻，打造华南地区国际知识产权交易中心。到2020年，引进国际性工业服务机构300家。

---

① 《广东省国民经济与社会发展"十三五"规划汇编》。

（3）加快优势传统产业优化提升

支持优势传统产业技术改造和跨界融合，推动传统优势产业向产业链"两端"延伸。以智能家电和智慧家庭为核心，推动传统家用电器向数字化、智能化方向转型，打造集研发、设计、制造及交易于一体的世界级"白色家电之都"。大力发展新型汽车用铝、航空用铝、复合型材、合金材料，打造全国重要的有色金属材料与制品研发、制造、会展交易基地。推动陶瓷总部经济发展，打造全球陶瓷产业总部基地，擦亮佛山陶瓷品牌。推动纺织服装研发设计网络化、生产过程自动化、管理过程数字化、营销环节电子化，提升西樵纺织、盐步内衣、里水袜业、均安牛仔、张槎针织、环市童装集群发展水平。提升食品饮料发展水平，打造全国重要食品饮料制造中心、创新中心和品牌中心。强化家具产业原创产品设计、智能制造、个性化定制，实现标准化、模块化、柔性化生产。

（4）实现现代服务业集聚发展行动

①1506创意城（佛山创意产业园），聚集研发与总部、设计（工业、广告、建筑）、软件、RFID、金融等产业，打造生态、创意、陶文化、休闲、时尚之城。

②佛山市三水新城核心区，重点发展总部经济、文化创意、科研教育、休闲养生、生态居住、旅游度假、会展商务、公共服务八大产业。

③佛山绿岛湖都市产业区，重点发展都市型产业、总部经济，建设都市型产业示范区、总部经济集聚区。

（5）明确组团功能定位

大沥组团重点建设区域展贸及企业总部基地和重要的制造业基地；北滘-陈村组团重点打造重要先进制造业基地、企业总部基地、工业设计基地和广佛商贸服务基地。

（6）健全佛德互动合作机制

完善中德资源常态化对接机制，利用广东（潭州）国际会展中心等平台，定期举办国际项目路演大会、企业对接交流会、高峰论坛等多形式对接活动，不断丰富中德合作渠道。积极引入面向中德合作的重要官方组织、民间机构的总部或区域代表处。

5.4　江苏省集聚趋势

江苏省在"十三五"规划中，明确提出鼓励外资企业在江苏省设立RHQ及各类功能性机构，进而提出相应目标，大力发展总部经济。具体内容是：

①根据国家产业对外开放总体部署，有序开放金融、教育、文化、医疗、旅游等服务业领域，放开育幼养老、建筑设计、会计审计、商贸流通、电子商务等服务业领域，进一步放开一般制造业。重点引进在全球产业链、价值链处于中高端的产业，注重引进一批龙头型、旗舰型企业项目，鼓励外资企业在江苏省设立地区总部及财务中心、研发中心、运营中心等功能性机构，力争外资总部和区域性功能机构落户江苏省超过200家。创新利用外资方式，推动引资与引技、引智相结合，支持外资参与公共服务、基础设施建设，推进外资企业本土化发展，切实提升利用外资的综合优势和总体效益。积极引导外资投向苏中、苏北和沿海地区，支持苏南地区外资企业优先向省内其他地区转移。

②沿沪宁线地区重点推动区域高端创新要素集聚，加快转型升级，发展拥有自主知识产权的高新技术产业、战略性新兴产业，推动金融服务、科技服务、研发设计等高端服务业集聚，大力发展总部经济，建设具有国际水平的战略性新兴产业、先进制造业基地和现代服务业高地。

③实施互联网企业创新培育和规模发展计划，支持互联网领军企业和骨干企业做大做强，鼓励国内外知名互联网企业在江苏省设立区域总部和研发机构，打造互联网经济发展先行区。

根据江苏省"十三五"规划目标与任务，从省会南京市到苏州市、无锡市、常州市等所辖市也都提出适合自身条件发展的集聚

RHQ的目标与任务，从而形成一种上下齐动集聚RHQ的趋势。

5.4.1 南京市集聚趋势

"十三五"期间，南京市专门制定《南京市"十三五"开放型经济发展规划》。其发展目标之一是："十三五"期间，实际利用外国直接投资金额达到180亿美元以上，进一步优化利用外资结构，在全省利用外资转型升级中走在前列，新增跨国公司地区总部、投资性公司、研发中心、营运中心、结算中心等外资功能性机构90家。

与吸引外商投资功能性机构有关的主要任务是：

（1）扩大开放合作新领域

强调探索将外资研发机构纳入区域创新体系，支持外资研发机构实施或参与实施科技计划项目、组建或参与组建产业技术创新战略联盟。实施高端外资研发机构集聚计划，吸引海外知名大学、研发机构、跨国公司在南京市设立全球性或区域性研发中心。加快国际科技合作载体建设。提升发展江宁、浦口、高淳、溧水、麒麟等5个国际企业研发园，新建20平方千米的国际企业研发园，打造国际科技企业聚集地。鼓励本土企业设立海外研发中心和产业化基地，支持科技人员参加国际研发组织、承担国际科技项目。加快推进国际高端金融要素集聚，把南京市打造成为泛长三角区域金融中心等。

（2）推动外资企业加快转型升级

引导跨国公司在南京市投资的企业提升规模和能级，拓展投资、管理、研发、设计、销售、物流、资金结算等综合功能，通过新设、增资或股权重组等方式，将单一职能生产型企业转型升级为区域总部或外资功能性机构。支持在南京市的跨国公司地区总部拓展总部功能，开展区域总部业务一体化运作，促进南京市从跨国公司全球布局中的生产、销售基地向对各类资源进行协调、控制的区域性枢纽转变。利用南京市的城市功能和人才集聚优势，招引跨国公司来设立区域总部、投资性公司、研发中心、营运中心、结算中心、共享服务中心。强化重点企业服务调研，引导企业产品进行产业链延伸，引进核心技术，加大研发投入，开展本土创新，提高产品技术含量和附加值。鼓励外资企业、研发机构联合开展战略性新兴产业关键技术研究，共享知识产权。[①]

5.4.2 苏州市集聚趋势

"十三五"期间，苏州市的发展目标之一是：使用外资。强调以质量和效益为核心，保持使用外资稳定发展，实现质量更高、结构更优、领域更宽、方式多样。5年累计实际使用外资250亿美元左右，引进各类外资地区总部和功能性机构150家以上。

苏州市在"十三五"规划中涉及RHQ的任务是：深入发展外资总部经济。完善总部经济促进政策体系，加大对具有更强资源配置能力、更高附加价值产出、更大溢出带动效应的跨国公司研发设计中心、物流配送中心、采购销售中心和其他共享服务中心、行政管理总部的引进与培育力度。支持存量地区总部提升投资和区域管理层级，鼓励功能性机构从单一功能向多种功能叠加和服务外部化转型。在苏州国家历史文化名城保护区、各省级以上开发区、太湖新城、高铁新城集中规划建设一批高标准综合性商务楼宇，增强对各类外资总部的吸引和承载能力。"十三五"期间，力争5年新设各类外资地区总部和功能性机构150家以上，累计超过300家，初步建成具有一定影响力的区域性外资总部经济集聚区。[②]

5.4.3 无锡市集聚趋势

"十三五"期间，无锡市确定的相关重点任务包括以下几个方面：

①鼓励和支持骨干龙头企业和规模企业建设高水平研发机构，增强其整合利用全球创新资源的能力。支持在无锡市应用型科研机构加快分类改革步伐，引入现代企业管理制度体系，形成新的创新骨干群体。吸引国际知名科研机构来无锡市设立研发中心，积极引导外企建

---

① 《南京市"十三五"开放型经济发展规划》。
② 《苏州市开放型经济"十三五"发展规划》。

设研发中心，开展原创性研发活动。

②主动融入全球创新网络，积极吸纳全球创新资源，形成深度整合的开放创新格局。深化与国际著名高校和科研机构的合作，建设多渠道、多层次的国际技术转移中心。积极推动企业参与国际科技交流合作，健全国际科技交流机制，重点深化与美国麻省理工学院（MIT）、以色列 Sheng-BDO、德国马普学会、西班牙工业技术发展中心（CDTI）、俄罗斯圣彼德堡国立技术大学、欧洲商业与创新中心联盟（EBM）等合作。

③搭建"互联网+"开放共享平台，探索开展政务等公共数据开放利用试点，鼓励发展"互联网+"工程技术研究、成果转化、咨询服务、工程监理等重点领域。鼓励国内外知名互联网企业在无锡市设立区域总部和研发机构，培育一批特色化、专业化、具有较强竞争力的互联网企业。

④提高利用外资质量水平。推动利用外资的重点领域转变，深化先进制造业国际合作，积极有效引进在全球产业链、价值链中处于中高端的、与无锡市优势产业结合紧密的现代制造业重大项目，协同引进拥有雄厚资本、先进技术、管理经验丰富和高素质的人才，提升制造业发展整体水平。扩大服务业对外开放，加快生产性服务业和高端生活性服务业利用外资的步伐，大力引进现代物流、工业设计、数据服务、融资租赁、商业保理、医疗健康、休闲旅游、职业教育等领域的服务业外资项目。加快国际医院、国际学校建设进度，打造国际化人居环境，建设高标准国际化社区，提升城市国际化水平。积极引进外资区域总部和功能性机构。

⑤统筹无锡市"一体"发展。统筹梁溪区、太湖新城等核心城区发展，加快推进锡山区、惠山区、滨湖区、新吴区与核心城区有机融合，提升无锡市中心城区综合功能。推进城区行政区划优化调整，建立健全高效便捷的行政管理体制。有序推进梁溪区城市更新，优化功能布局，推动文化旅游商贸融合，有效整合土地、存量资产、行政管理、公共服务等资源，加强体制机制创新，切实增强梁溪区发展活力。强化新城产业支撑，推进太湖新城、锡东新城产城融合，完善各

类配套服务功能，加快引进和培育金融商务、总部经济、现代商贸、休闲旅游等产业，促进城市形态建设与功能开发的协调发展，增强中心城区的集聚辐射能力。[①]

5.4.4 常州市集聚趋势[②]

"十三五"期间，围绕集聚 RHQ 和功能性机构，常州市主要从以下两个方面展开：

（1）加快培育服务业优势企业

积极引导服务业企业更新理念，运用现代科技信息技术，加强技术创新、产品创新、机制创新、模式创新。全面实施服务业优势企业培育工程，集中资源推动 100 家左右主营业务突出、技术水平先进、市场竞争力强的服务业优势企业裂变发展。组建现代物流、设计服务等产业联盟，鼓励支持服务业企业联动发展。培育发展服务业企业集团，支持开展跨地区、跨行业、跨所有制的兼并重组，引导龙头企业吸纳、整合小企业提升服务能力。促进总部经济发展。

（2）引进国际知名企业

坚持把利用外资与转方式、调结构结合起来，更加注重引进先进技术、管理经验和高素质人才，不断提高利用外资和国外技术的水平。紧紧围绕产业发展重点，全力引进一批技术含量高、市场前景好、带动能力强的重大投资项目。积极引导民营企业加强与知名跨国公司的对接、整合，实现"以民引外"，同时做好"以外引外"。加快区域总部经济发展，积极引进跨国公司区域总部以及销售、服务、研发等功能性机构。

5.5 其他省市集聚趋势

除了上述各省市之外，福建省、湖北省、湖南省、天津市等全国

---

① 《无锡市国民经济和社会发展第十三个五年规划纲要》。
② 《常州市国民经济和社会发展第十三个五年规范纲要》。

多个省市都在发展不同程度的总部经济。

5.5.1　福建省集聚趋势

福建省主要任务之一是集聚各类研发机构，促进创新与研发能力，助推总部经济发展。其具体如下：实施创新驱动战略，增强发展内生动力。提升自主创新能力。加强科技基础设施建设，推动境内外一流大学、科研机构、跨国公司在福建省设立研发机构，续建一批国家和省级创新平台。强化企业创新主体地位和主导作用，支持企业加强技术研发能力建设，推动各类创新资源向企业集聚。大力培育创新型企业，提高大中型企业研发机构覆盖面，扶持和培育一批科技小巨人企业。鼓励和推动高校、科研院所与企业形成创新利益共同体，建设一批产业技术研究院。加强国家级重点实验室建设。构建区域创新服务体系，加快发展研发设计、技术转移、创业孵化、检验检测、知识产权等科技服务业，打造一批具有竞争优势的科技服务业集群。

围绕福建省"十三五"规划，厦门市根据自身区位特点，明确提出：

①积极引进跨国公司总部、金融机构总部和区域总部，培育本土跨国公司，打造具有国际影响力的总部基地。

②以现代服务业综合试点、国内贸易流通体制改革试点为契机，开展加快发展现代服务业行动，创新体制机制，放宽市场准入，优化政策环境，推动生产性服务业向专业化和价值链高端延伸，生活性服务业向精细和高品质转变。大力发展总部经济，提升产业能级。

厦门市强调在以下行业中积极集聚国内外企业总部：

①在商务服务中，吸引国内外大型企业来厦门市设立区域总部，以及运营中心、研发中心、管理中心、贸易结算中心、采购销售中心等职能型总部，发展壮大一批处于产业链关键环节、竞争力强、辐射带动作用大的总部企业，高标准规划建设总部集聚区。

②建筑业。推进建筑新型工业化，加快建筑业产业结构调整升级。推进住宅产业现代化示范园区（海沧）建设，形成研发、设计、

生产、配送、施工等现代建筑产业总部集聚区。延伸建筑工业化应用范围，从居住房屋逐步向公共建筑、厂房、地下管廊、天桥、桥梁、隧道等建筑形式延伸。

③现代远洋渔业。加强对远洋渔业发展的政策支持，吸引大型远洋渔业企业落户厦门市，鼓励企业在厦门市成立远洋渔业总部，创新中国台湾远洋捕捞渔船直航厦门停靠。

在"十三五"产业集聚发展重点片区，厦门市重点规划发展各类总部：

①现代服务业基地（美峰片区）。规划用地面积为5.6平方千米，重点发展研发总部、科技服务等。

②现代服务业基地（丙洲片区）。规划用地面积为2.17平方千米，重点发展研发设计、信息服务、总部经济、创新创业服务、文化旅游服务。①

5.5.2 湖北省集聚趋势

在"十三五"规划中，湖北省提出：

①推进服务业跨越发展。促进服务业提质增效。立足湖北省制造业基础，以产业转型升级和提高分工效率为导向，大力发展现代物流、金融服务、研发设计、商务咨询、软件和信息服务、科技服务、电子商务、节能环保服务、检验检测认证、人力资源服务等行业，推动生产性服务业进一步细化专业分工，提升专业化水平。因地制宜引导服务业在中心城市、制造业集中区域、现代农业产业基地以及有条件的城镇等区域集聚，实现规模效益和特色发展。打造一批会展产业平台，发展一批软件产业园，建设一批服务外包示范基地。推进武汉市、襄阳市、宜昌市等中心城市大力发展总部经济，建设中央商务区。

②建设全国重要的现代服务业基地。建设长江中游区域性金融中心。积极吸引功能性金融机构、大型金融机构总部及其营运机构总部等入驻，加快发展本土金融机构，发起组建长江银行。推进武汉区域

---

① 《厦门市国民经济和社会发展第十三个五年规划纲要》。

金融中心建设，完善金融组织体系，增强金融市场功能，大力发展多层次资本市场，加快发展普惠金融、互联网金融、绿色金融、物流航运金融等新业态，构建具有较强融资和国际结算能力的区域金融体系，建成中部金融中心和以科技金融为重点的全国性专业金融中心、全国重要的金融后台服务基地。推动襄阳市、宜昌市两个省域金融中心建设，构建辐射周边地区的区域金融体系。支持有条件的中等城市结合自身产业特点，打造特色产业金融中心。

③提升招商引资质量水平。健全投资促进体制机制，创新招商引资方式方法，促进招商引资与产业转型升级、区域协调发展相结合，全面提升引资水平。整合省内资源，发挥各级各类园区引领带动作用，实现招商引资全省"一盘棋"。大力推进产业链招商，开展集群式招商。深化与央企、金融机构总部、高等院校和科研机构的战略合作，推动引资、引技、引智深度融合发展。积极承接国际资本和沿海产业转移，着力吸引世界500强、中国500强、民营500强及行业龙头企业落户湖北省。支持具备条件的企业在境外直接融资。

④提升制造业集聚发展水平。依托开发区、工业园区，整合打造一批市场影响大、产业配套能力和创新活力强的产业集聚区。建设武汉市及周边高端装备制造、高新技术和总部经济区，做强武汉市至十堰市以汽车整车及零部件为主的机械工业走廊，做精宜荆荆及沿江化工、新材料产业带，做优鄂东地区冶金及有色金属新材料产业群，做大江汉平原农产品加工产业群，打造襄阳市、江汉市和鄂东地区等纺织工业组团，推进山区特色农产品加工、优势资源开发型工业发展。

"十三五"规划中，武汉市提出：

①加快建设国家商贸物流中心。建设国家物流枢纽、国家商贸中心、中部金融中心、设计之都、国家级会展中心和国家旅游中心城市。大力发展总部经济，吸引国内外公司地区总部和各类功能性机构落户，引进法律、咨询、会计、审计、评估等专业服务机构，发展精细化、高品质的生活性服务业。

②实施产业创新能力倍增计划。大力引进世界和国内行业龙头企业研发机构。大力支持国内外大学、科研院所和企业在武汉市设立工研院等新型研发机构，加快建设国家光电实验室、精密测量研究院等，筹划建设国家智能制造实验室。依托企业、高校院所，建设若干国家技术创新中心。完善创新配套服务体系，加快推进武汉市国家技术转移中部中心建设，积极完善检验检测认证等服务平台，培育集聚一批技术交易、知识产权、科技咨询、人力资源等领域服务机构和企业。探索推进知识产权资本化、证券化交易试点，积极争取获批建设国家级知识产权交易中心、设立武汉知识产权法院。

③打造全球创新网络的重要节点城市。建设国际人才自由港、海外人才离岸创业基地。加强与国内外创新城市和区域的合作，支持建设国际合作研发机构、孵化器、科技园区等。鼓励本土企业到境外设立研发机构，并购中小型科技企业。支持外资在武汉市设立研发机构、参与研发公共服务平台建设、承接政府科研项目等。①

5.5.3 湖南省集聚趋势

湖南省在"十三五"规划中提出：开放带动、拓展发展新空间。立足"一带一路"倡议定位，坚持对内开放和对外开放并举，坚持进出口并重，引资和引技、引智并重，引进来和走出去并重，打造内陆开放新高地。

相关主要任务包括：

（1）全面参与长江经济带建设

承接产业转移。瞄准珠三角、长三角、京津冀、港澳台等重点地区，大力开展产业链招商，引进一批大企业、大项目，吸引跨国公司区域总部、营运中心和研发中心落户湖南省。

（2）建设区域性金融中心

推动金融机构集聚。鼓励境内外金融机构在湖南省设立区域总部、

---

① 《中共武汉市委关于制定全市国民经济和社会发展第十三个五年规划的建议》。

分支机构。引导设立财务公司。推动组建民营银行、资产管理、汽车金融、消费金融、金融保理等金融机构。规范小额贷款、融资担保机构发展，推进再担保体系建设。积极推动数据中心、研发中心、呼叫中心、灾备中心等金融后台服务业集聚区建设，发展金融服务外包产业。支持金融机构引进战略投资者，整合区域金融资源，健全地方金融体系。做大本土金融机构，打造省级金融控股、保险、担保和投融资等集团。深化城市商业银行和农村商业银行改革，推动长沙银行上市。[①]

长沙市从空间到产业对发展总部经济进行了规划[②]：

（1）建设一批高端创新载体

积极参与国家大科学计划和大科学工程，创建一批国家级创新平台。主动参与国际科技合作，鼓励国内外知名科研机构、高等院校、大型企业和跨国公司在长沙市设立研发总部或地区性研发总部，在更大范围、更高层次实现更有效率的创新资源配置。

（2）大力发展生产性服务业

围绕长沙市的"大制造""强制造"发力，瞄准制造业"微笑曲线"的两端，支持制造业主辅分离，积极发展现代物流、电子商务、商务会展、总部经济、科技服务、服务外包等生产性服务业，实现服务业与制造业全面配套和融合发展。总部经济中，重点引进世界500强企业、中国500强企业、中国制造业500强企业、中国服务业500强企业、跨国公司、大型央企等在长沙市设立综合型总部、地区总部或职能型总部型机构，打造辐射全省、影响中西部、面向全国的总部经济新高地。到2020年，在长沙市世界500强企业和跨国公司区域总部、研发中心及国际组织分支机构达到200家以上。

（3）构建现代金融产业体系

按照"一主一副一区一园"的空间布局，加快芙蓉中路金融街（"一主"）、沿江金融集聚带（"一副"）、金融后台园区（"一区"）、科技金融结合创新园（"一园"）建设，推动金融业集聚、

---

① 《湖南省国民经济和社会发展第十三个五年规划纲要》。
② 《长沙市国民经济和社会发展第十三个五年规划纲要》。

差异、互补发展。积极支持本土金融旗舰企业发展壮大，着力引进国际金融机构、新型金融机构的总部或区域总部入驻。

（4）拓展投资新空间

持续扩大有效投资。突出产业类投资，扩大服务新产业、新业态、新模式发展的基础设施和公共平台投资，加大对龙头企业、总部经济、补链强链式企业等的招引和培育力度，推进长沙市主导产业和战略性新兴产业集群式发展；突出民生类投资，加大对完善城市功能、建设美丽乡村、改善社会民生等兜底线、促公平的保障性领域投入。

（5）高标准建设湖南湘江新区

构建高端产业体系。围绕产业集群化、高端化、品牌化发展目标，着力构建 G319 战略性新兴产业走廊和湘江西岸现代服务业发展走廊"两走廊"，建设自主创新引领基地、先进制造业发展基地、总部经济集聚基地、生态旅游休闲基地、现代都市农业示范基地"五基地"，打造智能装备、新材料、节能环保、电子信息、文化创意、移动互联网、现代金融等产业集群，培育一批国际化领军企业，扶持一批创新型中小企业，形成层次更高、结构更优、竞争力更强的现代产业体系。

（6）高起点建设东部开放型经济走廊

在临铁片区，以高铁新城为发展核心，有效整合高铁枢纽、总部会展、浏阳河文化等核心要素，构筑以总部经济、国际会展为主，以商务商贸、高铁物流为辅的产业体系，带动旅游休闲、文化创意、物联网、服务外包等相关产业发展。

5.5.4　天津市集聚趋势

天津市在"十三五"规划中，与集聚 RHQ、发展总部经济相关的部分包括：

（1）大力发展现代服务业

建设金融创新运营示范区。积极发展传统金融。支持金融机构在天津市设立中国或区域总部以及专项事业总部，推动设立有限牌照银行、互联网保险公司等机构。鼓励金融机构开展业务创新。探索设立金融产业基金。推动法人金融机构增资扩股和并购重组。发展政策性金融、普惠金融，着力加强对中小微企业、农村地区金融服务，落实中小微企业贷款风险补偿机制。到2020年，持牌法人金融机构超过100家。

（2）建设北方国际航运核心区

显著提升国际航运服务功能。加快发展航运保险、航运交易、海事仲裁等高端航运服务业。积极引进国内外知名航运公司和分支机构，做强国际金融仲裁、海损理算、交易结算等航运服务机构，形成航运总部集聚区。大力发展航运金融业，鼓励开展仓单质押、存货抵押、融资租赁等创新业务。

（3）增创开放经济新优势

发展高水平外商投资经济。优化投资环境，推动引资、引技、引智有机结合。实施世界500强企业招商工程，鼓励在天津市设立地区总部以及研发中心、销售中心、物流中心和结算中心。强化产业链招商，围绕优势产业，引进上下游配套企业和项目。优化利用外资结构，拓展服务业引资领域，鼓励外资参与开发现代农业。创新利用外资方式，鼓励外资以战略投资、股权投资等形式参股并购境内企业。加快开发区转型升级，建设高水平对外开放载体。

根据《天津市国民经济和社会发展第十三个五年规划纲要》的总体要求，滨海新区、和平区、南开区等都提出了集聚RHQ、发展总部经济的目标和任务。另外，天津市在承接非首都功能疏解任务，因此在未来，其有望吸引更多的RHQ以及其他功能性机构。

5.6 本章小结

全国各省市都处于扩大开放、产业转型升级的关键时期，根据自身所处区位优势、产业基础、历史文化渊源、科技发展的未来趋势，以及国家经济与社会发展战略等，在"十三五"规划中明确提出与集聚RHQ、发展总部经济相关的目标、主要任务等。

北京市在疏解非首都功能的前提下，围绕"四个中心"建设，推动 RHQ 能级升级，发展升级版的总部经济。朝阳区重点支持跨国公司区域总部和研发、设计、销售、结算等功能性总部发展，强化资源配置力和影响力；鼓励区域内现有跨国公司总部进一步提升总部能级，增强辐射力和带动力；对各主要功能片区进行了功能定位，进而提出各自的主要任务。海淀区明确规定了优先服务和引进的企业类型，RHQ 是其中之一。西城区强调更加鲜明的总部经济特征，加快发展科技创新型总部经济，同时严控总部企业。丰台区则强调提升商务服务产业层级，以企业管理服务为带动力，推动国内外品牌企业研发、营销、结算等核心机构入区发展，支持总部型企业做大做强。

上海市是中国集聚 RHQ 最多的区位之一。在"十三五"规划中，上海市提升了"引进来"的能级和水平。浦东新区是上海市集聚 RHQ 的主要区位。预计到 2020 年，创新转型取得明显成效。金融、航运、贸易等跨境资源配置能力显著增强，跨国公司地区总部和国内企业总部累计新增 50 家。静安区通过发展重点新兴产业，集聚一批跨国公司地区总部和研发、技术、管理、采购、销售等项目，以及提供科技中介、技术产品展示，以及交易、会计、法律、咨询等综合配套服务项目，吸引跨国公司中国总部、区域总部、功能性总部和众多国内品牌企业入驻。虹口区为进一步优化营商环境，促进各类总部要素集聚，加快产业创新转型，推动实现高质量发展，于 2018 年 4 月出台了《加快发展总部经济的实施意见》，进一步推动总部经济发展。黄浦区根据其确定发展的六大产业，围绕上海市"四个中心"战略，积极集聚各类 RHQ 和功能性机构。徐汇区和长宁区等也都作出重点工作安排。

广东省明确提出：培育高端产业集群，吸引跨国企业区域总部和国内大型企业国际总部入驻，并对其所辖的各市确定了不同的发展定位。广州市强调着力打造黄金三角区，重点发展总部经济、现代服务业、科技型服务经济，打造形成广州市总部、金融、科技集聚区，并提出加快建设区域总部经济中心的具体措施以及重点任务。深圳市强调优化总部经济发展环境，完善总部经济政策体系，统筹推进总部基地的规划建设；围绕重点领域和重点产业进行招商。珠海市强调发展总部金融、总部经济基地、吸引远洋渔业总部企业等。汕头市确定总部经济、金融服务、航运物流、电子商务、文化创意、商务会展等现代服务业发展方向；发展蓝色总部经济等现代海洋服务业等。佛山市健全"一区五园"行政管理模式，推进各园区协调错位发展。

江苏省明确提出鼓励外资企业在江苏省设立 RHQ 及各类功能性机构，大力发展总部经济。南京市特别强调吸引外商投资功能性机构的主要任务，并计划"十三五"期间新增跨国公司地区总部、投资性公司、研发中心、营运中心、结算中心等外资功能性机构 90 家。苏州市提出深入发展外资总部经济，并力争引进各类外资地区总部和功能性机构 150 家以上。无锡市提出吸引国际知名科研机构来无锡市设立研发中心，积极引导外企建设研发中心，开展原创性研发活动；对重点产业重点区位吸引 RHQ 和各类功能性机构作出规划。常州市则在加快培育服务业优势企业以及引进国际知名企业两个方面下功夫。

福建省强调推动境内外一流大学、科研机构、跨国公司在福建省设立研发机构，续建一批国家和省级创新平台。厦门市强调在商务服务中、建筑业、现代远洋渔业等积极集聚国内外企业总部。

湖北省提出推进武汉市、襄阳市、宜昌市等中心城市大力发展总部经济，建设中央商务区。武汉市提出大力发展总部经济，吸引国内外公司地区总部和各类功能性机构落户，引进法律、咨询、会计、审计、评估等专业服务机构，发展精细化、高品质的生活性服务业，进而提出实施产业创新能力倍增计划和打造全球创新网络的重要节点城市的构想。

湖南省立足"一带一路"倡议定位，坚持对内开放和对外开放并举，坚持进出口并重，引资和引技、引智并重，引进来和走出去并重；打造内陆开放新高地；围绕相关任务，发展总部经济。长沙市从空间到产业对发展总部经济进行了规划。

天津市围绕建设北方国际航运核心区，积极增创开放经济新优势，推动 RHQ 以及相关功能性机构的集聚。滨海新区、和平区、南开区等都将是天津市集聚 RHQ 的重点区位。

参考文献

[1]　MARTINREA. About‐overview ［EB/OL］. ［2019-03-18］. http://www.martinrea.com/about.php#Overview.

[2]　MARKUSEN A. Stick places in slippery space: a typology of industrial districts ［J］. Economic Geography，1996，72（3）：293-313.

[3]　NANOTEK INSTRUMENTS. Home/Technology ［EB/OL］. ［2019-03-18］. http://nanotekinstruments.com.

[4]　SULZER. About us: our company ［EB/OL］. ［2019-03-18］. https://www.sulzer.com/en/about-us/our-company.

[5]　TI AUTOMOTIVE. Home‐fluid thinking ［EB/OL］. ［2019-03-18］. https://www.tiautomotive.com.

[6]　深圳市龙华区. 龙华区政府与华润置地有限公司举行苹果科技小镇项目战略合作签约仪式 ［EB/OL］. ［2019-03-18］. http://www.sz.gov.cn/cn/xxgk/zfxxgj/gqdt/201709/t20170901_8360154.htm.

[7]　安亭文体中心. 汽车城零部件园区 "腾笼换鸟" 上台阶 ［EB/OL］. ［2019-03-18］. http://www.at-siac.com/industry/newsdetail_1263_73185692968026112.html.

[8]　上海国际汽车城. 上海博泽汽车部件有限公司 ［EB/OL］. ［2019-03-

18]. http://www.at-siac.com/investment/detail_53.html.

[9] 上海国际汽车城. 打造研发科技港 转型发展再发力 [EB/OL]. (2012-05-10) [2019-03-18]. http://www.at-siac.com/zhuanti/detail_11.html.

[10] 上海国际汽车城，上海安亭新镇. 积极打造以人为本人车共融的中国特色小镇，汽车城一直在路上 [EB/OL]. [2019-03-18]. http://www.at-siac.com/news/detail_2003.html.

[11] 上海国际汽车城. 上海国际汽车城研发科技港开工 [EB/OL]. [2019-03-18]. http://www.at-siac.com/zhuanti/detail_12.html.

[12] 上海国际汽车城. 海斯坦普上海研发中心在汽车·创新港正式开业 [EB/OL]. [2019-03-18]. http://www.at-siac.com/news/detail_1911.html.

[13] 佚名. 北京商务中心区 [EB/OL]. [2019-03-18]. http://bj.zhaoshang.net/yuanqu/detail/1731/intro.

[14] 宾尼法利纳官网. 历史 [EB/OL]. [2019-03-18]. http://www.pininfarina.cn/index/6.

[15] 长沙市人民政府. 长沙概况 [EB/OL]. [2019-03-18]. http://www.changsha.gov.cn/zjcs/kncs/xzqh/200907/t20090727_395.html.

[16] 长沙市商务局. 岳麓峰会上，湖南省委书记杜家毫发出邀约：欢迎国内外知名互联网企业将第二总部落户长沙 [EB/OL]. [2019-03-18]. http://swt.hunan.gov.cn/hnswt/szsw/zssswj/swdt_81815/201804/t20180408_4985135.html.

[17] 长沙市商务局. 佩罗系统中国运营中心总部落户长沙 [EB/OL]. [2019-03-18]. http://swt.hunan.gov.cn/hnswt/szsw/zssswj/swdt_81815/201611/t20161107_3434593.html.

[18] 长沙市商务局. 全球500强湖南总部落户雨花区 [EB/OL]. [2019-03-18]. http://swt.hunan.gov.cn/hnswt/szsw/zssswj/swdt_81815/201611/t20161107_3433834.html.

[19] 党建网微平台. 习近平提"亲""清"二字的历史渊源 [EB/OL]. [2019-03-18]. http://theory.people.com.cn/n1/2016/0313/c40531-28195149.html.

[20] 佛山市人民政府. 城市概况 [EB/OL]. [2019-03-18]. http://www.foshan.gov.cn/zjfs/fsgl/csgk/.

[21] 福建省人民政府. 省情概况 [EB/OL]. [2019-03-18]. http://www.

fujian.gov.cn/szf/gk/bmkg/201805/t20180517_2383163.htm.

[22] 广州市商务局. 世界五百强纷至沓来，广州倍受投资者青睐！[EB/OL].
(2019-01-07) [2019-03-18]. http://www.gzcoc.gov.cn/gzboftec/
ztzl_tzgz_gzys/201901/4abd1c726c4042d0aeb4e5db803bbab4.shtml.

[23] 衡阳市商务和粮食局. 衡阳市蒸湘区成功引进一家世界500强企业区域
总部及分支机构 [EB/OL]. [2019-03-18]. http://swt.hunan.gov.cn/
hnswt/szsw/hysswhlsj/swdt_81870/201610/t20161015_3354141.html.

[24] 湖北省人民政府. 湖北省概况 [EB/OL]. [2019-03-18]. http://
www.hubei.gov.cn/2018/local/2018gk/201810/t20181001_1348527.
shtml.

[25] 何习文，鄂商宣. 前三季度湖北省商务经济保持平稳发展态势 [EB/OL].
[2019-03-18]. http://www.hubei.gov.cn/zwgk/bmdt/201809/
t20180928_1347340.shtml.

[26] 湖南省人民政府. 省情介绍 [EB/OL]. [2019-03-18]. http://www.
hunan.gov.cn/jxxx/hngk/sqjs/.

[27] 湖南省商务厅. 长沙雨花区赴京招商引来五大企业总部落户亚马逊来长
设孵化器 [EB/OL]. [2019-03-18]. http://swt.hunan.gov.cn/hnswt/
xxgk/sxsw/201611/t20161102_3413243.html.

[28] 胡春华. 深入贯彻习近平总书记治国理政新理念新思想新战略 努力在全
面建成小康社会加快建设社会主义现代化新征程上走在前列 [EB/OL].
(2017-05-22) [2019-03-18]. http://www.gddx.gov.cn/gdswdx/
132108/132112a/265003/index.html.

[29] 江苏国际投资促进网. 江苏省首批认定85家跨国公司总部企业 [EB/
OL]. [2019-03-18]. http://www.iinvest.org.cn/web/NewsDetail.
aspx?ClassName=%CD%B6%D7%CA%B6%AF%CC%AC&nid=846.

[30] 江苏省人民政府. 开放型经济 [EB/OL]. [2019-03-18]. http://
www.jiangsu.gov.cn/col/col31390/index.html.

[31] 金融街控股. 中拉基金等5家机构加入北京金融街商会 [EB/OL].
[2019-03-18]. http://www.jrjkg.com.cn/news.do?id=1010945156-
40048&type=8844093142356391.

[32] 金融街控股. 品牌优势 [EB/OL]. [2019-03-18]. http://www.jrjkg.
com.cn/type.do?tid=1477449414238013&sid=1668682312030126.

[33] 上海浦东新区人民政府. 浦东吸引各类总部企业落户超600家 [EB/
OL]. (2019-02-21) [2019-04-22]. https://www.pudong.gov.cn/

shpd/about/20190221/008002001001_807d4878 – 9f38 – 43dd – ac55 –
f84f85272882.htm.

[34]　毛庆. 31家跨国公司在南京设立地区性总部［EB/OL］.［2019-03-18］.
http://news.sina.com.cn/o/2012-09-02/062025084009.shtml.

[35]　中华人民共和国商务部驻南京特派员办事处，江苏省商务厅. 苏州外资研发
机构建设取得初步成效［EB/OL］.［2019-03-18］. http://www.
mofcom.gov.cn/aarticle/resume/dybg/201207/20120708252775.html.

[36]　南京市商务局. 2017年全市商务运行情况［EB/OL］.［2019-03-18］.
http://swj.nanjing.gov.cn/njsswj/201810/t20181021_483481.html.

[37]　瑞士洛桑国际管理发展学院. 世界竞争力在线资料［EB/OL］.［2019-
03-18］. https://worldcompetitiveness.imd.org/customsearchresults/
consolidatedresult.

[38]　佚名. 博泽［EB/OL］.［2019-03-18］. https://baike.so.com/doc/
6973393-7196082.html.

[39]　舍弗勒集团. 公司［EB/OL］.［2019-03-18］. https://www.
schaeffler.cn/content.schaeffler.cn/zh/company/company.jsp.

[40]　苏州市统计局. 2017年苏州总部经济企业呈现"三主导"特征［EB/
OL］.［2019-03-18］. http://www.suzhou.gov.cn/xxgk/gmjjhshfztjxx/
tjsjjd/201807/t20180704_990839.shtml.

[41]　苏州市统计局. 工业园区、昆山领跑苏州总部经济企业技术研发中心
［EB/OL］.［2019 – 03 – 18］. http://www. suzhou. gov. cn / xxgk /
gmjjhshfztjxx/tjsjjd/201807/t20180704_990818.shtml.

[42]　佚名. 四川北路升级、北外滩发展、虹口足球场改造……虹口人的未来
好赞！［EB/OL］.［2019-03-18］. https://hot.online.sh.cn/content/
2018-07/07/content_8960063_10.htm.

[43]　上海嘉定区统计局. 2018年1—7月嘉定区经济运行情况简析［EB/OL］.
［2019 – 03 – 18］. http://www. stats – sh. gov. cn / html / fxbg / 201808 /
1002434.html.

[44]　上海市浦东新区人民政府. 浦东概况［EB/OL］.［2019-03-18］. http://
www.pudong.gov.cn/shpd/about/20161208/008001001_1ce12a09-
10aa-4939-b141-d943b1784eb7.htm.

[45]　上海市浦东新区人民政府. 重点区域［EB/OL］.［2019-03-18］. http://
www.pudong.gov.cn/shpd/about/20161208/008001003_925cf180-
d7d5-407f-b3b5-8eed7f979312.htm.

〔46〕 朱贝尔. 过去一年 陆家嘴金融城发生的十件大事〔EB/OL〕. (2018-02-04)〔2019-05-05〕. http://city. eastday. com / gk / 20180204 / u1ai11198340.html.

〔47〕 龙钢，耿小彦. 专家为北外滩航运服务总部建设"把脉"〔EB/OL〕. 〔2019-03-18〕. http://www. shhk. gov. cn / shhk / xwzx / 20131025 / 002003_6faddcc4-e47e-43cd-b073-4da271f5764c.htm.

〔48〕 沈春琛. 税收同比增长，"亿元楼"达19栋 总部经济楼宇经济渐显"蝴蝶效应"〔EB/OL〕. (2014-12-23)〔2019-03-18〕. http://www. shhk. gov. cn / shhk / xwzx / 20141223 / 002003_a1efc5c5-1059-4788-806c-c436b173b3f9.htm.

〔49〕 上海虹口门户网站. 虹口区于"十二五"伊始再添一家跨国公司地区性总部〔EB/OL〕.〔2019-03-18〕. http://www.shhk.gov.cn/shhk/xwzx/ 20110504/002005_080ee20a-42be-4b65-8e23-8805c859fe84.htm.

〔50〕 上海虹口门户网站. 新加坡太平船务公司地区总部落户本区〔EB/OL〕. 〔2019-03-18〕. http://www. shhk. gov. cn / shhk / xwzx / 20141013 / 002003_ab96ddf9-0e39-44b2-91fc-5efb4019c495.htm.

〔51〕 上海市黄浦区人民政府. 黄浦概况〔EB/OL〕.〔2019-03-18〕. http:// www.shhuangpu.gov.cn/qq/004001/004001001/subpageSingle.html.

〔52〕 上海市黄浦区商务委员会. 黄浦区新增4家企业获颁跨国公司地区总部证书 新增数量位列全市第二〔EB/OL〕.〔2019-03-18〕. https:// www.shhuangpu.gov.cn/xw/001003/20161221/80f5a73e-cf9e-48a7-aabd-5e83e72ec221.html.

〔53〕 上海市黄浦区人民政府. 黄浦区新增2家跨国公司地区总部〔EB/OL〕. 〔2019-03-18〕. http://www. shhuangpu. gov. cn / yqyw / 010001 / 010001002/010001002001/010001002001001/20171102/021375bc-e13c-4458-8b97-90a695a3ffc3.html.

〔54〕 上海市黄浦区人民政府. "利满美"被认定为"地区总部"〔EB/OL〕. 〔2019-03-18〕. http://www.shhuangpu.gov.cn/xw/001001/20180828/ 8f2ef26c-cb3c-465a-8f25-da8f3c31d90f.html.

〔55〕 上海市黄浦区人民政府. 5家驻区"外资"获"地区总部"〔EB/OL〕. 〔2019-03-18〕. http://www.shhuangpu.gov.cn/xw/001001/20180503/ 42983cc0-b5e7-4873-93ad-c47a8972a3d8.html.

〔56〕 上海市长宁区政府办公室. 区位〔EB/OL〕.〔2019-03-18〕. http:// www.changning.sh.cn/art/2015/8/10/art_7009_429606.html.

［57］ 上汽集团．公司简介［EB／OL］．［2019-03-18］．http://www.
saicgroup.com/chinese/gsgk/sqfzs/index.shtml.

［58］ 上海安固强能源科技发展有限公司．公司介绍［EB/OL］．［2019-03-
18］．http://www.angstron-sh.com/about.aspx?id=7&tp=7.

［59］ 上海新能源汽车及关键零部件产业基地．邦迪汽车系统（上海）有限公
司入驻外冈签约仪式［EB/OL］．［2019-03-18］．http://www.sh-
nevib.com/news/show.aspx?id=69.

［60］ 桑彤，殷鑫豪．"上海扩大开放100条"逐渐落地 外资信息增强［EB/
OL］．［2019-03-18］．http://www.gov.cn:8080/xinwen/2018-07/20/
content_5307911.htm.

［61］ 斯凯孚集团．斯凯孚简介［EB/OL］．［2019-03-18］．http://www.skf.
com/cn/zh/our-company/index.html.

［62］ 唐烨．鼓励外资企业做大做强，黄浦"放大招"率先授牌首批区级贸易
型总部［EB/OL］．［2019-03-18］．http://www.shhuangpu.gov.cn/
xw/001009/20180419/f429dbf8-678a-4f50-8ab9-424485a23671.
html.

［63］ 天津市人民政府．天津市地理位置［EB/OL］．［2019-03-18］．http://
www.tj.gov.cn/tj/tjgk/dlwz1/dlwz/.

［64］ 天津市人民政府．天津自贸区［EB/OL］．［2019-03-18］．http://
www.tj.gov.cn/tj/tjgk/kfkf/zmq/201712/t20171201_3617690.html.

［65］ 天津市人民政府．滨海新区不断吸引总部项目落户［EB/OL］．［2019-
03-18］．http://www.tj.gov.cn/xw/qx1/201704/t20170406_3592999.
html.

［66］ 王森．PPG全球最先进涂料创新中心落户天津开发区［EB/OL］．
（2018-08-30）［2019-03-18］．http://tj.people.com.cn/n2/2018/
0830/c375366-31995200.html.

［67］ 查甜甜．北京朝阳区跨国公司地区总部数量占全市七成［EB/OL］．
［2019-03-18］．http://news.sina.com.cn/o/2018-01-30/doc-
ifyqyesy4354561.shtml.

［68］ 佚名．中国将新设立7个自贸试验区 复制推广已有经验［EB/OL］．
（2016-09-01）［2019-03-18］．http://news.china.com.cn/2016-09/
01/content_39206082.htm.

［69］ 中国（福建）自由贸易试验区．中国（福建）自由贸易试验区扬帆起
航［EB/OL］．［2019-03-18］．http://www.china-fjftz.gov.cn/article/

index/gid/8/aid/142.html.

[70] 上海大众汽车有限公司. 规模成就市场　上汽大众累计产量突破1 800万辆[EB/OL]. [2019-03-18]. http://www.caam.org.cn/wangyuan/20180201/1605215253.html.

[71] 石柱. 外资研发中心呈现七大特点[EB/OL]. [2019-03-18]. http://www.mofcom.gov.cn/article/bi/200408/20040800264294.shtml.

[72] 周楠. 虹口区出台《加快发展总部经济的实施意见》[EB/OL]. [2019-03-18]. http://www.shhk.gov.cn/shhk/xwzx/20180502/002003_77b7974e-3ce5-4747-871b-dc0a29d7a0f4.htm.

[73] 武汉市人民政府. 大江大湖大武汉[EB/OL]. [2019-03-18]. http://www.wuhan.gov.cn/2018wh/zjwh_5785/whgk/201808/t20180824_223226.html.

[74] 武汉统计局. 抓住机遇　扩大开放　加速发展[EB/OL]. (2018-09-03) [2019-03-18]. http://tjj.wuhan.gov.cn/details.aspx?id=4225.

[75] 武汉统计局. 市情概况[EB/OL]. [2019-03-18]. http://tjj.wuhan.gov.cn/details.aspx?id=83.

[76] 厦门市人民政府. 厦门概况[EB/OL]. [2019-03-18]. http://www.xm.gov.cn/zjxm/xmgk/.

[77] 张煜，李晔，李蕾，等. 刚刚，世行《营商环境报告》发布：中国排名提升了32位，首次进入世界前50[EB/OL]. [2019-03-18]. https://globalnews.qq.com/article/20181031A1WOKE00.

[78] 张江高科技园区. 关于我们[EB/OL]. [2019-03-18]. https://www.zjpark.com/guanyu.html.

[79] 广州市人民政府. 总投资180亿元！天河区20个新开工项目集中动工、广州科技图书馆拟后年竣工[EB/OL]. [2019-04-04]. http://www.gz.gov.cn/gzgov/s7498/201903/c00e8325be074ca690f9844eb09c74f2.shtml.

[80] 广州市人民政府. 广州究竟有多强？天河CBD告诉你答案[EB/OL]. [2019-04-04]. http://www.gz.gov.cn/gzgov/s7498/201811/7a5d8cdd5eb74c3d99c2c8d334e7fa84.shtml.

[81] 广州市人民政府. 打造"创新岛"　海珠"逆生长"[EB/OL]. [2019-04-04]. http://www.gz.gov.cn/gzgov/s7498/201903/0655aa106aa844c3be7bfc09e0ca8c06.shtml.

[82] 广州市人民政府. 全区总动员　吹响新一轮营商环境改革创新和招商引

资号角［EB/OL］．［2019－04－04］．http://www.gz.gov.cn/gzgov/s7498/201902/47bef8676a164aeb9614277031d1d676.shtml.

［83］ 广州市天河区人民政府．权威数据！天河区经济概况一览［EB/OL］．［2019－04－04］．http://www.thnet.gov.cn/thxxw/mtjj/201706/bb30eb5d7482418aaa2c169193c2264c.shtml.

［84］ 广州市天河区人民政府．区市场和质量监管局积极服务总部经济发展［EB/OL］．［2019－04－04］．http://www.thnet.gov.cn/thxxw/bmxx/201704/1fff0b8163514e8187856f5bf8d44e8b.shtml.

［85］ 广州市天河区人民政府．实际利用外资黄埔占比全市四成 新增企业数量天河增长全市第一［EB/OL］．［2019－04－04］．http://www.thnet.gov.cn/thxxw/mtjj/201707/d551f5b78dc8407fa78a021c5bd6c375.shtml.

［86］ 广州市越秀人民政府．2017年越秀区总部经济和民营经济［EB/OL］．［2019-04-04］．http://www.yuexiu.gov.cn/yxxxw/pc/zwgk/sjfb/sjs_sj/20181009/detail-208168.shtml.

［87］ 广州市人民政府．广州市荔湾区人民政府关于广州市荔湾区2018年国民经济和社会发展计划执行情况与2019年计划草案的报告［EB/OL］．［2019－04－04］．http://www.gz.gov.cn/GZ58/7.1/201903/7c34fae13ca24081a41b2ea3a5b1fcfa.shtml.

［88］ 上海市徐汇区人民政府．市委书记为何对营商环境念兹在兹？看看上海这个"开门红"［EB/OL］．［2019-04-04］．http://www.xuhui.gov.cn/H/news/tabloid/2019-02-28/Detail_152257.htm.

［89］ 上海国际汽车城．昱珂汽车部件（上海）有限公司入驻新能源汽车产业基础［EB/OL］．［2019－04－04］．http://www.at-siac.com/news/detail_978.html.

［90］ 朱伟良，昌道励，郑佳欣．抢占风口 世界500强企业加速布局广州［N］．南方日报，2017－12－05.

［91］ 薛志伟．福建厦门：总部经济方兴未艾［N］．经济日报，2017－10－12.

［92］ 张兴旺．城市职能转型升级 深圳总部经济起势［N］．南方都市报，2017－04－18.

［93］ 张隽玮．这场第二总部争夺战，武汉将上海、成都甩在身后［N］．长江日报，2017－10－14.

［94］ 马喜生．国内外总部企业加速布局广州［N］．南方日报，2016－03－03.

［95］ 华锴，陈婧．朝阳五年建成CBD国际金融城［N］．北京日报，2011－

03-02.

[96] 彭朋．大型跨国公司地区总部移师上海热潮成形［N］．经济观察报，
2003-10-25.

[97] 孙奇茹．北京获评年度世界最佳科技城市［N］．北京日报，2017-
11-16.

[98] 孙宝平．苏州工业园区成为外资集聚地［N］．国际商报，2018-08-23.

[99] 刘航．河西筑牢经济高质量发展根基［N］．天津日报，2018-09-13.

[100] 张幼文．开放型发展新时代：双向投资布局中的战略协同［J］．探索与
争鸣，2017（7）：97-106.

[101] 任永菊．跨国公司地区总部的特征、类型及其来华情况分析［J］．世界
经济，2005（1）：68-74.

[102] 任永菊．地区总部、产业结构与总部经济——来自香港的实证研究与思
考［J］．亚太经济，2007（4）：67-70.

[103] 任永菊．跨国公司地区总部集聚的产业集群基础研究［J］．工业技术经
济，2012（1）：102-106.

[104] 赵听听，徐晓琳，张艳，等．宁波与长三角典型城市总部经济发展比较
调研——以宁波与上海、南京、杭州、苏州、无锡的比较为例［J］．商
场现代化，2010（11）：132-133.

[105] 赵弘．总部经济［M］．北京：中国经济出版社，2004.

[106] 赖阳，黄爱光，北京市商务委员会．北京总部经济发展报告（2017）
［M］．北京：中国商务出版社，2018.

[107] 联合国贸发会议跨国公司与投资司．世界投资报告：促进关联［M］．冼
国明，总译校．北京：中国财政经济出版社，2001：96.

[108] 潘素昆．北京总部经济发展与提升利用外资水平研究［M］．北京：经济
科学出版社，2017.

[109] 任永菊．跨国公司地区总部的区位选择［M］．北京：中国经济出版社，
2006.

[110] 赵弘．中国总部经济蓝皮书——中国总部经济发展报告（2014—2015）
［M］．北京：社会科学文献出版社，2015.

[111] 上海市商务委员会．2014上海总部经济及商务布局发展报告［M］．上
海：上海科学技术文献出版社，2014.

[112] 郑京淑．跨国公司区位研究——兼论对世界经济结构的影响［D］．长
春：东北师范大学，1998.

[113] 聂辉华，韩冬临，马亮，等．中国城市政商关系排行榜2017［R］．中国

人民大学国家发展与战略研究院政企关系与产业发展研究中心.

[114] 中国统计年鉴相关年份数据.

[115] 相关各省市、重点城市等政府网站.

索 引

后 记

　　2019 年 10 月 1 日，伟大祖国将迎来 70 周年华诞。70 年风云际会，中国从一个积贫积弱的国家，一跃成为当今世界第二大经济体，综合国力的历史性跨越令世人瞩目。我们为之激动，为之自豪。

　　70 周年，特别是改革开放 40 多年以来，中国之所以能够创造经济发展的奇迹，关键在于坚持改革不停顿，坚持开放不止步，坚定不移地沿着改革开放之路前进。正如 2018 年首届中国国际进口博览会开幕式上，习近平主席在主旨演讲中强调的那样："回顾历史，开放合作是增强国际经贸活动的重要动力；立足当今，开放合作是推动世界经济稳定复苏的现实要求；放眼未来，开放合作是促进人类社会不断进步的时代要求。各国都应该积极推动开放合作，实现共同发展，开创人类更加美好的未来。中国推动更高水平开放的脚步不会停滞，推动建设开放型世界经济的脚步不会停滞，推动构建人类命运共同体的脚步不会停滞。"

　　中国经济这一片浩瀚之海，正在真诚地向世界敞开胸怀，以进一步实现全方位开放的姿态与世界各国合作共赢，互联互通，休戚与共。中国正在不断地优化投资环境，积极吸引外商直接投资，通过吸引RHQ以及各类功能性机构不断优化利用外资结构；坚持"引进来""走出去"双向投资国家战略，助推中国成为世界第二大对外投资国和资本净输出国。

面向未来，中国提出"发展更高层次的开放型经济""推动形成全面开放新格局""推动建设开放型世界经济"等重大举措。这预示着中国开放的大门不会关闭，只会越开越大；中国将在创新、协调、绿色、开放、共享的发展理念指引下，大力建设共同发展的对外开放格局，为世界各国发展和繁荣注入新的动力和活力。

"中国能够成为一个伟大的国家，实现公正而有效率的发展。"（陆铭，2016）我们同样坚信：集聚于中国的RHQ以及各类功能性机构还将继续不断增加，集聚效应将继续不断显现。

感谢伟大祖国的繁荣富强！

感谢新时代赋予我们的责任与担当！

感谢为书稿顺利完成给予帮助的所有朋友！感谢天津商业大学经济学院副院长李海伟教授以及东北财经大学出版社蔡丽编辑多年以来的大力支持；感谢吴慧伦、赵艳辉两位研究生参与资料搜集工作；感谢我的母亲、姐姐们给予的默默关心和付出；感谢安息于天堂的父亲之严厉管教。

感谢各位读者。无论是喜欢，还是厌烦；无论是赞扬，还是批评；无论是深情注目，还是匆匆一瞥；无论是拥之于怀，还是擦肩而过……只要有你在，无论是天涯海角，时光荏苒，我便必须注目于你，倾心于你……

是为后记。

作　者

2019年3月